PABLO DE SANTIS

PREVOĐENJE

Roman

Prevela
ALEKSANDRA MANČIĆ

IZDAVAČKO PREDUZEĆE „RAD"
BEOGRAD

Izvornik

Pablo de Santis
La traducción
1998

Pablo de Santis
PREVOĐENJE

RiM
002

Urednik
JOVICA AĆIN

Na koricama

Marinus van Rejmersval (ca. 1490 – ca. 1546),
Sveti Jeronim u svojoj ćeliji

PRVI DEO

Hotel Svetionik

PREVOĐENJE

Čitajući s oduševljenjem i lakovernošću engleski prevod nekog kineskog filozofa, naišao sam na ovaj pamćenja vredni odlomak: „Osuđeniku na smrt nije važno hoće li proći ivicom ponora, zato što se odrekao života." Na tom mestu prevodilac je stavio zvezdicu i upozorio me da je njegovo tumačenje bolje od tumačenja drugog suparničkog sinologa koji prevodi ovako: „Sluge uništavaju umetnička dela kako ne bi morali da sude o njihovim lepotama i nedostacima." Tada sam, poput Paola i Frančeske, prestao da čitam. Neka potajna sumnjičavost uvukla mi se u dušu.

H. L. Borhes

I

Na svom pisaćem stolu držim svetionik od keramike. Služi mi kao pritiskač za hartiju, ali pre svega predstavlja smetnju. Na dnu piše *Uspomena iz Luke Sfinga*. Površina svetionika pokrivena je pukotinama, zato što je juče, dok sam nameštao izvornike nekog prevoda, svetionik pao sa pisaćeg stola. Strpljivo sam sastavio komade: svako ko je pokušao da ponovo sklopi slomljeni krčag zna da, ma koliko brižljiv bio njegov napor, ima komadića koji se nikada ne pojave.

U Luku Sfinga putovao sam pre pet godina, odazvavši se pozivu na kongres o prevođenju. Kada je na moju adresu stigao koverat sa zaglavljem univerziteta, pomislio sam da se radi o nekom zaostalom dokumentu. Godinama nastavljamo da primamo obaveštenja o udruženjima i klubovima čiji više nismo članovi, pretplate na otkazane časopise, pozdrave veterinara upućene mački koja se još pre sto godina izgubila. Čak i ako se čovek preseli, zaostala prepiska ga sustiže; predstavljamo deo nepromenljivih spiskova za prepisku koji ne pristaju na promene zanimanja, adrese ili navika.

Pismo s univerziteta nije, međutim, bilo zaostala prepiska; pisao mi je Hulio Kun, pozivajući me na kongres. Kun je bio upravnik Odeljenja za lingvistiku na Fakultetu. Zajedno smo studirali, ali ja sam napustio studije malo pre nego što sam diplomirao. Znao sam da Kun za svoje odeljenje finansijsku pomoć obezbeđuje od privatnih preduzeća u zamenu za tehničke usluge. U pismu mi je objasnio kako u Luci Sfinga namerava da na pet dana okupi raznoliku grupu ljudi, tako da to ne bude ni skup lingvista ni profesionalnih prevodilaca. Mene je izabrao kao prevodioca naučnih tekstova.

Davno se nisam sretao ni sa kim od mojih kolega. Rasuli smo se, i na neki način niko od nas nije smatrao prevođenje za svoje konačno zanimanje nego pre za skretanje sa puta ka drugim poslovima. Neki su hteli da budu pisci, a stigli su do prevođenja; drugi su predavali na univerzitetu, a stigli su do prevođenja. Ne primećujući, i ja sam skrenuo s puta, poput njih.

Ni moj posao nije olakšavao komunikaciju sa kolegama, jer sam u izdavačke kuće svraćao samo zato da bih preuzeo izvornike. Sretao sam se sa sekretaricama, urednicima pojedinih izdavačkih zbirki, nikada s drugim prevodiocima. Saznavali smo novosti jedni o drugima, ali to su bile posredne, poglavito novosti od pre nekoliko meseci. Četiri godine ranije, dva prevodioca koji su zajedno radili na nekoj enciklopediji pokušali su da nas okupe u neku vrstu udruženja ili granskog sindikata, ali su uspeli da skupe samo šačicu. Kada su se ti malobrojni našli zajedno, jedne večeri, suočeni sa previše širokim

programom za raspravu, svi su se sa svima posvađali, pa su se prevodioci ponovo rasturili.

Hulio Kun mi je u pismu pominjao i druge učesnike. Neke sam poznavao lično, druge samo po imenu. Bilo je nekoliko stranaca. U poslednjem redu stajalo je ime Ana Despina. Još nije bila potvrdila učešće, ali ja sam odlučio da potvrdim svoje.

Predmeti koji nose natpise kao što su *Uspomena iz...* retko kada predstavljaju uspomenu na nešto; onaj svetionik mi, naprotiv, još odašilje znake upozorenja.

II

Moja žena, Elena, primila je s prikrivenom radošću vest o mom putovanju. Nekoliko dana biće oslobođena mojih glavobolja, mojih jednosložnih reči, mojih noćnih tumaranja po kući. Glavobolje, od kojih sam patio još od petnaeste godine, poslednjih meseci postale su jače. Ispitivanja ništa nisu pomogla; prepisivali su mi lekove koji su mi uništili želudac, ali ne i bol. Te glavobolje pripisivali su naizmenično mojoj kičmi, naslednim faktorima, problemima sa vidom, ishrani, poslu kojim se bavim, stresu, gradu, svetu. Više sam voleo da se vratim aspirinima.

Elena je šest godina mlađa od mene; kao da joj je potrebno da izbriše tu razliku, navlači zapovednički izraz lica i uvek mi daje savete koje se ja pretvaram da sam spreman da poslušam. Eleni je potrebno da mi daje te savete, ali zna da nije nužno da ih ja i poslušam; dovoljno je da s vremena na vreme vodimo razgovore u kojima ona pokazuje da je punoletna, razumna i da zna red, što su sve kvaliteti u koje ni sama ne veruje.

– Nemoj se zatvarati u hotel. Nemoj se brinuti za konferenciju – rekla je Elena dok je pregledala moj prtljag. Dodala je belu košulju na plave štraftice i cipele od antilopa. Izvadila je fotokopiju prevoda koji je trebalo da pregledam. – Nemoj da nosiš posao sa sobom.

Uvek ja počnem da pakujem kofer ili torbu, ali ona, optužujući me da sam zaboravan, zauzme moje mesto i energično završava posao. Kada je videla da je torba zatvorena, ostala je zamišljena.

– Odavno nismo nikuda putovali – rekla je.

To nije bilo istina. U poslednjih šest meseci u tri navrata smo išli na put. Nisam joj se usprotivio, pošto je istina bila jednako očigledna za nju koliko i za mene. Nešto drugo je htela da kaže: da je ona iz ovog putovanja isključena, da druga putovanja nisu važna zato što se ovo događa sada, a nijedno prošlo putovanje ne može se uporediti sa onim koje upravo treba da se dogodi.

– Provešćeš svoj rođendan daleko od mene – rekla je.

Bio sam zaboravio na to.

– To je samo četiri dana. Kad se budem vratio, pozvaćemo prijatelje i napravićeš mi tortu sa svećicama.

– Poznaješ li druge učesnike? – upitala je.

Pričao sam joj o Huliju Kunu, domaćinu; prisetio sam se beskrajnih razgovora po kafeima preko puta fakulteta. Sećao sam se stvari koje su govorili ostali, ali, na sreću, nisam zapamtio ništa od onoga što sam ja lično govorio, kao da sam stalno ćutao pred sagovornicima željnim priče. Pričao sam joj i o Naumu, sa kojim sam nekada zajedno radio u nekoj izdavačkoj kući, u vreme kada smo imali dvadeset godina. Elena, koja nikada ne čita romane, nego samo eseje, dobro je poznavala Nauma i čim je saznala da i on učestvuje, pokazala je zanimanje. Osetio sam oštar ubod zavisti i ljubomore; odavno nisam mislio na Nauma, i ošamutio me je osećaj da ne mogu da napravim distancu, kao kada čovek, dok prelazi ulicu, opazi školskog druga, i poželi da ga udari zbog neke uvrede od pre tri decenije.

Naum se zvao Silvio Naum, i svoje je knjige potpisivao S. Naum, ali ja sam ga oduvek zvao prosto Naum.

– Poznaješ li neku od žena koje su pozvane? – upitala je.

Pogledao sam spisak. Pokazao sam joj nekoliko imena. Objasnio joj da ih jedva poznajem, i da su vrlo stare.

Pre nego što sam legao u krevet, spremio sam novac, dokumente i karte, pošto nisam navikao da ustajem rano, i u zoru se ponašam kao zombi. Na televiziji smo odgledali neodređeni deo nekog filma – daleko od početka, koji smo već gledali – i otišli u krevet. Nijedno od nas dvoje nije odmah zaspalo; svako je slušao onog drugog kako se meškolji i vrti u nemom plesu nesanice. Prebacio sam ruku preko nje, i učinilo mi se da je zaspala; ja nisam.

III

Putovao sam avionom do glavnog grada pokrajine. Put je trajao malo duže od dva sata. Pročitao sam novine, popunio ukrštenice i pokušao da sredim beleške koje sam napravio za izlaganje o Kablizu koje je trebalo da održim.

Kada smo sleteli, vetar je snažno šibao po pisti. U avionu su nam poslužili kafu i sendvič, ali sam ja i dalje bio gladan.

U aerodromskom holu nekoliko osoba je čekalo putnike sa našeg leta. Neki čovek u žutoj jakni držao je natpis na kojem je stajalo Kongres o prevođenju i nas sedmoro putnika se okupilo oko njega.

Pre nego što smo uspeli da se pozdravimo, čovek u žutom nas je poveo do sivog kombija čija je šoferšajbna bila zaštićena čeličnom mrežom. Čim smo se ukrcali, pročitao je spisak sa našim imenima i precrtavao nas jednog po jednog, kako bi se ko od nas javio. „Naum?" upitao je na kraju, i niko nije odgovorio.

Pored mene je sedela neka Italijanka od pedesetak godina, vitka i otmena. Izvadila je ogledalce iz tašne kako bi videla da li joj je frizura preživela južni vetar. Nameštala je kosu desnom rukom, sve dok nije zaključila da je spremna da se predstavi. „Ja sam Rina Agri", rekla je, pruživši mi ruku. Taj gest pokrenuo je talas pozdrava, i svi smo jedni drugima u isti mah pružali ruke i govorili svoja imena, ali niko ničije nije zapamtio.

Kada se pozdravljanje završilo i razgovor se ponovo razbio u komade, Rina Agri me je upitala šta prevodim. Pričao sam joj o ruskim neurolozima iz Kablizovog kružoka kojima sam posvetio poslednje tri godine. Poput dvoje govornika različitih jezika što traže reči koje oboje razumeju kako bi počeli da razgovaraju, potražili smo zajedničke prijatelje među ostalim učesnicima na kongresu; dopalo mi se što je pomenula Anu, jer ju je, time što ju je pomenula, i meni donekle približila. I Nauma je dobro poznavala.

– Poslednjih godina morala sam da se posvetim američkim bestselerima, ali se trudim da me radoznalost ne napusti – rekla je. – Još se dopisujem sa nekim ljudima sa kojima pripremam *Istoriju prevođenja na Zapadu*. Tako sam upoznala Anu i Nauma.

Deset godina nisam video nijedno od njih dvoje. Celog života sam prijateljevao sa ljudima koji su iz ovog ili onog razloga odlazili u inostranstvo; sa onima koji su ostali nemam ništa zajedničko, kao ni s onima koji su otišli. Smatram sebe za stranca iz previda.

Ostali putnici komentarisali su putovanje, to jest neputovanje. Sa obe strane druma nije bilo ničega; ni jedne jedine građevine na osamdeset kilometara. Rastinje, nisko i bodljikavo, širilo se u beskraj.

Razgovor je zamro nasred puta, i ponovo je živnuo kada je drum krenuo duž obale. Vozač nije govorio ništa, ćutke je vozio, i kada bi mu neko postavio kakvo pitanje, odgovarao je jednosložnim rečima.

– Da li ste nekada bili u Luci Sfinga? – upitala me je Rina.

– Nikada – rekao sam. – Nisam znao ni da postoji.

Izvadila je iz tašnice mapu i raširila je uz izvesne teškoće. Mape su apstraktna verzija pejzaža, ali na tom putovanju stvari su se dešavale obrnuto, i pejzaž je bio apstraktna verzija mape. Pokazala mi je neku tačku kraj mora. Potražio sam ime mesta, ali ga nisam našao.

Zeleni znak na putu najavio je da smo stigli u Luku Sfinga. Najpre smo prošli kraj groblja sa gvozdenom ogradom, a zatim pored svetionika koji je delovao napušteno. Okruživala ga je bodljikava žica koja se u jednom delu srušila na travnjak.

Kombi se tresao od vetra. More, sivo i namreškano, na plaži je ostavilo traku iščupanih algi koje su mestimično bile nabijene, poput dugačkog zida truleži.

Čuo sam glas nekog Francuza kako se u dnu hola raspituje za palme, za sunce, za plaže sa belim peskom koje su mu obećali.

Kombi je zastao pred hotelom. Na kilometar i po udaljenosti počinjale su prve kuće, koje su se širile duž zaliva.

Hotel je bio potpuno nesrazmeran u poređenju s Lukom Sfinga. Bilo je to središte velikog turističkog kompleksa koji nikada nije napravljen. Bio je sagrađen iz dva dela čiji se ugao otvarao ka obali. Jedna polovina bila je završena i već je počinjala da propada; druga polovina nije imala vrata, ni prozore, i uopšte nije bila sazidana do kraja. Na ogromnoj tabli bio je najavljen nastavak radova, ali se nigde nisu videle ni mašine, ni radnici, ni građevinski materijal. Na ulazu sam pročitao srebrnim slovima ispisano *Međunarodni hotel Svetionik*; gore su visile neke otrcane i izbledele zastavice.

Iskrcali smo se iz kombija i ispružili noge. Protegnuo sam se i zevnuo licem okrenut prema moru, u znak nekakvog pozdrava prirodi; ali, hladan vazduh mi je izazvao napad kašlja.

– Koja polovina hotela će nam zapasti? – upita Italijanka.

Kasnije, dok sam svoj koferčić nosio duž hodnika, shvatio sam da pristup u drugi deo hotela nije moguć pošto su se isprečila zamandaljena vrata, zaključana ili prepričena zakovanim daskama, kao i natpis sa upozorenjem da je zabranjen ulaz u hotel u ruševinama, sa ledenim sobama i gnezdima galebova.

IV

Hulio Kun nas je dočekao u hotelskom predvorju. Bio je visok gotovo dva metra, u odeći kao u planinara. Gojzerice su mu odzvanjale u sali sa samopouzdanjem koje su njegovi pokreti opovrgavali: dok svi ne budemo stigli, on se neće smiriti. Dočekao me je zagrljajem, i jedan drugome smo uputili uobičajene reči: kako se uopšte nismo promenili, kako bi trebalo češće da se viđamo. Pomenuo je neke zajedničke poznanike, raspitivao se imam li ja svežijih vesti o njima nego on; nisam se usudio da priznam kako ne znam o kome govori. Kun je bio rođeni organizator; nije se previše isticao u svojoj struci, ali je bio kadar da dovede u red zbrkane i rasejane pameti onih koji su ga okruživali. Prvo pravilo svakog organizatora jeste da se svakoga seća, i Kun nije dozvoljavao da mu promakne nijedno lice, nijedno ime.

Pružio mi je program kongresa. Drhtava ruka perom je nacrtala svetionik u Luci Sfinga.

Vetar je udarao u prozore. Kun je zadovoljno razgledao hotel.

– Zašto si izabrao ovo mesto? – upitao sam ga.

– Moj rođak je jedan od suvlasnika hotela. Dao mi je posebnu cenu; inače, sa sredstvima kojima raspolažem, ne bih mogao da pozovem ni polovinu ljudi. Kupili su ga pre dve godine, pošto je prvobitno preduzeće propalo. Sad ima malo turista, nije sezona. Međutim, ista grupa koja je kupila hotel uskoro će otvoriti i kasino.
– Ko bi putovao toliko kilometara samo zato da bi igrao rulet?
– Na sve su mislili. Organizuju se čarteri za igrače. Ne naplaćuju im hotel, samo hranu. Igrači nemaju nikakvu drugu zabavu, pa će zato da se zavuku u kazino dok ne izgube i poslednju paru. Šteta što me moj rođak nije uzeo za ortaka.
Osvrnuo sam se po holu tražeći druge učesnike.
– A ostali? – upitao sam.
– Za dva sata stiže još jedna grupa. A ostali, sutra.
– Dolazi li Ana Despina?
– Ubrzo će biti ovde.
Kun me nije ni pogledao dok mi je odgovarao. Oduvek je bio diskretan. Kao mlad, umeo je satima da ispituje čoveka do najsitnijih pojedinosti o njegovim političkim uverenjima, ali o ženama nikad nije govorio, osim ako neko drugi ne pokrene tu temu. Zbog ljudskih osećanja postajalo mu je neprijatno; Kun se oženio kao veoma mlad, ali nikada nije pominjao svoju ženu. Ne znam šta je za Kuna ljubav bila, ali tema za razgovor, nikada.

Hotelski službenik polako je zapisivao imena putnika u registar. Podelio nam je formulare da ih popunimo. Upisao sam svoje podatke: Migel de

Blast, oženjen, star ... Još jedan dan, i napuniću 40 godina. Nisam hteo da požurujem stvari, pa sam upisao 39.

Dali su mi ključ sobe 315. U sobi sam odlučio da malo pripremim ono što sam hteo da kažem sledećeg dana. Dok je predavač koji je izbijao iz mene izlagao svoje ideje, slušaoci koji su se stanili u meni zadremali su.

Probudio sam se gladan. U hotelskom predvorju zatekao sam nova lica. Kun je, sedeći u fotelji, razgovarao sa nekim čovekom od sedamdesetak godina. Negde sam već video tu belu bradu, tu nakrivljenu beretku, a pre svega, prstenje od kamena i metala koje je prekrivalo sve prste na levoj ruci, u obliku oka, polumeseca, ose...

– Valnere, da ti predstavim svog prijatelja Migela de Blasta. Godinama prevodi neurologe iz Kablizovog kružoka.

– De Blast – reče Valner, kao da mu je moje ime odnekud poznato. Vi ste preveli i Nemborua.

Gotovo da sam bio zaboravio na taj rad. Sedam godina ranije, pošto sam mesecima čekao na porudžbinu nekog pristojnog prevoda, odgovorio sam na poziv izdavačke kuće specijalizovane za ezoterijske tekstove. Popeo sam se na četvrti sprat zgrade u blizini Kvantaške pijace da uzmem original *Izgubljenog sveta alhemije* Kristofa Nemborua, Rusa koji je živeo u Parizu ali je i dalje pisao na maternjem jeziku.

Ta knjiga mi je mnogo pomogla u mojim istraživanjima. Ne toliko po onome što kaže, koliko po onome što ne kaže. Nemboru zna da sve istine mogu biti objavljene; kako biste ih razumeli, treba da umete da čitate aluzije, da popunjavate praznine.

Tada sam se setio ko je Valner, ne po licu niti po prstenju, nego po glasu. Po glasu nekoga ko poseduje istinu koju drugi ne znaju, muziku ubeđenja. Imao je emisiju na radiju u kojoj je govorio o letećim tanjirima, ispunjenju proročanstava, o onostranosti, o vezi Egipat–Mars. Godinama je Valner potpisivao prevode Nostradamusovih proročanstava pune štamparskih grešaka, knjiga Alana Kardeka, priručnika iz teozofije i sažetih verzija dela koja čine hermetički korpus. U nekom trenutku bio je i apologeta esperanta, ali se preobratio u njegovog osporavatelja iz straha da će veštački jezik odneti pobedu u svetu i da biti njegov privrženik više neće imati nikakvu vrednost.

Upitao sam Kuna kakav je program za taj dan.

– Ja ću otvoriti skup, poželeću svima dobrodošlicu. Zatim počinje Naum sa prvim izlaganjem, i sledi Valner, koji sutra mora da ide. Koja je tema vašeg izlaganja, Valnere?

– Govoriću o enohovskom jeziku koji su anđeli preneli Džonu Diju. Pišem njegovu biografiju.

Ja sam preveo *Izgubljeni svet alhemije*, ali prevoditi znači zaboravljati. Neodređeno se sećam engleskog čarobnjaka, izumitelja šifrovanih jezika, teleskopa, tajnih oružja. Kroz neki crni kamen uglačan kao ogledalo razgovarao je sa anđelima. Osećao se bolje sa stvorenjima sa onog sveta nego sa svojim savremenicima; pošto je optužen za čarobnjaštvo, gomila je htela da ga linčuje, i uništila mu je biblioteku. Neko je napisao da ga je Šekspir uzeo kao model za svog Prospera.

– Tražio sam napismeno dozvolu od Britanskog muzeja da me puste da vidim crni kamen, ali ga dobro čuvaju. Ako mi daju dozvolu, na zimu ću otputovati da ga vidim.

– Nije izložen?

– Nije. Nekoliko puta su pokušali da ga ukradu, pa ga zato sklanjaju. Vest se nije pojavila u novinama.

– Zašto?

– Uprava muzeja ne želi da se o kamenu govori. Oni su sami, preko publikacija koje nazivaju „specijalizovane", učinili sve što je moguće da rašire glasine o tome kako je Džon Di bio komedijaš. Ali, da je zaista bio komedijaš, ne bi se toliko brinuli zbog kamena. To je jedini čarobni predmet koji je preostao na svetu, a nikom ne dozvoljavaju da ga vidi. U više navrata sam tražio dozvolu, i uvek su me odbijali. Ovog puta imam više nade, pošto se uprava muzeja promenila. Upravo su objavili novi katalog sa hermetičkim knjigama za koje nikada ranije nisu priznali da ih poseduju.

Valner je prepoznao nekoga i naglo se udaljio.

– Zašto si ga pozvao? – upitao sam Kuna. – Čak i ne prevodi knjige koje potpisuje. Prepisuje, i to loše, tuđe prevode.

– Bio mi je potreban neko ko će govoriti o tim izmišljenim, izgubljenim, veštačkim jezicima. Šta sam ja kriv ako se ozbiljan svet ne zanima za te stvari?

– Hajde, molim te, Kune. Da li si time hteo da napraviš reklamu za kongres?

– U stvari, nije mi bilo druge. Neko me je pritisnuo da ga uključim.

– Ko to? Predsednica one mistične fondacije koja te finansira, a time u isti mah izbegava porez?

– Ne možeš ni da zamisliš ko.

Bilo je pet popodne. Popio sam fernet sa kokakolom u baru, i izišao iz hotela.

Zbog vetra sam odustao od šetnje dalje od ruševnog kamenog mola. Iz trulih algi širio se snažan, slatkast zadah; u njihovom tkanju ostali su uhvaćeni ostaci grada i mora: kutije od cigareta, rakovi, ribolovački konac, konzerve od piva. U blizini mola, neka deca su vrhom grane bockala neku gomilu koja je ležala na pesku. Kada sam prišao, video sam da je to neka foka.

Nemboruova knjiga – koju sam preveo s nepotrebnom strogošću – govori o tome kako nas simboli vrebaju u stvarima, među njima i iza njih, i da čovek nema gde da spusti pogled – čak ni u osamdeset kilometara pustinje – gde nema Znaka, Slova ili Poruke. Prišao sam crknutoj životinji. Deca, kojima je ona dosadila ili su se od nje uplašila, bila su otišla. Možda su i ona na tom telu otkrila oblik nekog Inicijala.

V

Ponovo čitam ovo što sam upravo napisao i otkrivam neka nepotrebna velika početna slova; to je osveta za svaki put kada su pogrešno napisali moje prezime – De Blast – s malim slovom. U hotelskoj knjizi sam pročitao kako piše „de Vlast" dok sam među imenima ispisanim nečitkim slovima tražio Anu Despinu. Pre nego što sam je našao, pojavio se portir i oteo mi knjigu iz ruku. Morao sam da ga pitam; sa samozadovoljnim izrazom na licu otezao je sa odgovorom i na kraju mi rekao: soba 207.

Na trenutak sam pomislio da se raspitam je li došla sama, ali bi to bilo ponižavajuće. Pozvao sam je iz kabine u holu. Nalazili smo se na rastojanju od dva sprata; čuli smo se kao da smo na različitim stranama sveta.

– Ana?
– Ko je to?
– Migel.

Kada prođe pet godina, treba dodati i prezime; kada prođe deset, i neku zajedničku uspomenu, ili osobene znake. Još nije bilo prošlo deset godina.

– Dođi – rekla je, kao da smo se rastali prethodne večeri.

U skokovima sam se popeo uz stepenište i stigao sav zadihan. Čekala me je na otvorenim vratima, u žutoj haljini i sa mokrom kosom.

Zagrlio sam je. Postoji osećaj koji nazivaju *déjà vu*; postoji i onaj drugi, ređi ili skriveniji, koji nazivaju *jamais vu*: osećaj da je nešto svakodnevno za vas potpuno novo, da se nikada ranije niste sreli s tim iskustvom. Oba ta osećaja pomešala su se u tom trenutku.

Uhvatila me je za levu ruku.

– Oženjen si.

– Od pre pet godina.

– Neko koga poznajem?

– Ne. Zove se Elena.

– Gde si je upoznao?

– U nekoj izdavačkoj kući. Dali su joj u zadatak da me svakodnevno zove telefonom i da od mene traži prevod koji je trebalo da predam. Budio sam se u devet uz njen telefonski poziv. U izdavačkoj kući su mi verovali, ali je Elena, koja je bila nova, slutila da prevod uopšte i ne postoji, da je ja lažem i da nisam napisao ni retka. To je između nas stvorilo napetost koja se završila brakom.

Ana mi je ispričala da je bila udata za nekog kanadskog inženjera, da je u poslednje vreme promenila šest zemalja, da traži mesto na kojem će se skrasiti, ali da ne zna gde je to.

– Ponekad idem ulicom nekog grada i zamišljam da vidim neki prozor, a kroz prozor neku sobu, i nešto mi kaže: to je to mesto. Nema na njemu ničega posebnog, ali mi daje neki znak iz daljine.

Istresla je kofer na krevet da bi složila odeću na police u ormaru. Čak ni Ana nije mogla izbeći ženski nagon da hotelskoj sobi pruži izgled doma.

– Nisam znala da dolaziš – rekla je. – Čak umalo nisam otkazala put. Tokom vremena sam od gotovo svih dobijala vesti o tebi. Osim od tebe lično. Ti si nevidljivi čovek.

Raspitivala se šta sam radio poslednjih godina. Nabrojao sam selidbe, poslove, neke pojedinosti iz braka. Ali nikako nismo započinjali istinski razgovor, saučesništvo onih koji se već godinama dobro poznaju, niti ono drugo saučesništvo, spokojstvo zbog toga što smo neznanci. Slagali smo reči sa sve većom nelagodnošću. Bilo je mnogo toga što sam želeo da joj kažem, a nisam joj govorio ništa. Ana je ušla u kupatilo i uključila fen za kosu. Rekla mi je nešto; buka je prekrivala i moje i njene reči, i spasavala nas od tog nepromišljenog razgovora.

– Čekaću te dole – doviknuo sam, a ona mi je klimnula glavom. Čim sam izišao iz sobe, ugasila je fen.

U baru sam seo za sto sa urugvajskim prevodiocima. Najstarijeg, Vaskesa, sretao sam po nekim izdavačkim kućama, a onog drugog, mladića nepotrebno uštogljeno odevenog, nisam poznavao. Vaskes je prevodio detektivske romane za izdavačke zbirke Tragovi i Kobalt. Onaj drugi ga je slušao sa poštovanjem kakvo pobuđuju ljudi koji umeju da sažmu prošlost, nikad previše opširno, u nekoliko jasnih anegdota.

– Pričao sam kolegi kako sam jednom izgubio original nekog romančića o gangsterima, *Gušter u noći*. Zaboravio sam ga na klupi na hipodromu. Da li biste mi poverovali kada bih vam rekao kako tamo nikada nisam odlazio zato da bih se kladio nego samo da bih gledao konje? – Mladić, Islas, osmehnuo se. – Pozovem izdavača, kaže mi da nema drugi primerak, i da mu prevod treba za dva dana. „Šta je nacrtano na koricama?" pitam ja. „Maskirani čovek zabija nož u neku riđokosu. Drška bodeža ima oblik guštera." Piše li na poleđini gde se odvija radnja? „U Njujorku." Celu noć sam proveo prevodeći izgubljeni original. Gušter nije prošao loše; čak je imao tri izdanja.

Ispričao je još nekoliko anegdota – poslovi za ilegalne izdavačke kuće, prevare prilikom kupovine prava stranih pisaca, prevodilačke greške koje su potom smatrane za genijalnosti pisca – ali ja, premda sam klimao glavom i povremeno se osmehivao, nisam uspevao da ga pratim. Kad je čovek opčinjen nekom ženom, ne obraća pažnju na ostatak sveta.

– Šta je bilo, De Blaste, izgledaš mi zabrinuto? Došli smo da se odmorimo, a ne da se zlopatimo.

– Boli me glava – slagao sam.

– To je prevodilačka neuroza. Devedeset posto prevodilaca pati od glavobolje – obratio se onom drugom. – De Blast je prevodilac sa ruskog. I sa francuskog, ali to nije nikakva zasluga: prevodilaca sa francuskog ima na tone.

– Kako vam je palo na pamet da naučite ruski? – upitao je Islas.

Vaskes se pretvarao kao da mu govori u poverenju:

– Kad je imao petnaest godina počeo je da sanja stranice knjiga ispisane na nekom nepoznatom jeziku. Potom je otkrio da su to ćirilična slova i počeo da uči ruski. Ali nije uspeo da sazna šta je pisalo, zato što je prestao da sanja.

Islas se osmehnuo s nelagodnošću, ne znajući da li da poveruje u to ili ne.

– De Blast je ozbiljan prevodilac, živi zatvoren u kući, sa uključenim kompjuterom. Nije kao ja, koji tračim vreme po barovima, sa čašom vermuta gansija pred sobom, sa dodacima. Ranije sam nosio pisaću mašinu u bar koji se nalazio u blizini moje kuće, u centru, i satima sedeo za stolom. Gazda se žalio zbog buke, ali se nije usuđivao da me izbaci, pošto sam bio lokalna atrakcija, neka vrsta žive numere. Jednoga dana sam shvatio da se ljudi oko mene ponašaju čudno, kao statisti koji pokušavaju da se uvuku u kadar. Gazda mi je priznao kako je gostima rekao da sam ja romansijer koji zapisuje sve što se unaokolo dešava. A oni su se trudili da mi pruže pojedinosti, da govore bogatim rečnikom, onako kako govore likovi kod loših pisaca.

Prišao mi je Kun i pozvao me u stranu.

– Moraš da me spaseš. Naum je imao neke teškoće s letom i stiže tek sutra. Nema ko da govori danas.

– A Valner?

– Ima obaveze na jednom od okruglih stolova. Osim toga, i ne želim da njime započinjem kongres.

– Nisam spreman, uvek sve ostavljam za poslednji trenutak. A ostali?
– Jedva ih poznajem. Nas dvojica smo, naprotiv, prijatelji. Tebe mogu da zamolim za uslugu.
Kunovo lice, gore u visinama, ganulo me je. Pristao sam, neodgovorno. Otišao sam u svoju sobu po školsku svesku u kojoj sam napravio neke beleške koje su mi sada izgledale nerazumljive. Bilo je tu imena, reči ispisanih do pola, crteža. Znao sam da će u trenutku kada budem govorio sve to povratiti deo svog smisla; strah je, ako od njega potpuno ne zanemimo, dobar beležnik.

VI

Kun me je čekao na vratima sobe, kao da se plaši da ću mu pobeći.

– Spreman? – S nepoverenjem je pogledao moje hartije s beleškama. – Za koliko imaš?

– Ne znam.

– Ne meriš sebi vreme?

– Ja sam amater.

– A ako bude kratko?

– Tražiću gitarsku pratnju.

Sproveo me je do hotelske sale u kojoj će kongres biti otvoren.

Arhitekta onog nedovršenog spomenika predvideo je tri sale, za pedeset, stotinu i dve stotine ljudi. Najmanju je nazvao Republika, drugu Vladalac, a treću Carstvo, po monarhističkoj skali. Bilo nas je malo, ali smo bili jedini: dodelili su nam prazninu sale Carstvo.

Sto je bio prekriven crnim platnom; u dnu se nalazila plastična tabla za crtanje dijagrama, usled raširenog verovanja da grafikoni pojednostavljuju stvari. Po zidovima sale visile su fotografije mesta sa početka veka: puste plaže, neki silos, grupa Indijanaca koji su izgledali kao od kamena, mala stanica na koju su pristizali tovari soli iz Crne Solane.

Seo sam u prvi red dok je Kun bio na podijumu. Kun je otvorio kongres zahvalivši se učesnicima, hotelu, fondaciji koja ga je finansirala. Govorio je kao da ceo svet jedva čeka da čuje šta će biti na kongresu, i kada ga je čovek slušao, morao je da mu veruje.

Zatim je došao red na mene. Kao uvod u samu temu kojom se bavi moj rad, izabrao sam jedan od prvih Kablizovih tekstova, članak „Odjek prevoda". Poput mnogih njegovih radova, i ovaj je svojevremeno bio cenzurisan i objavljen tek kada su otvoreni njegovi arhivi.

Pedesetih godina Kabliz je kao pacijenta primio neku ženu, simultanog prevodioca. Njeni problemi počeli su kada je, usred neke konferencije, potpuno izgubila nit onoga o čemu je govorio neki francuski diplomata. Od tog trenutka, kad god bi čula neku reč, morala je i da je prevede. Žena je taj glas koji joj nije dozvoljavao da misli na samo jednom jeziku nazvala „odjek". Čak i u snovima su svaku reč pratili njeni ekvivalenti. Međutim, odjek joj je u isti mah davao i različite mogućnosti, nije bio jednoličan, primoravao ju je da traži, da se opredeljuje između rojeva sinonima i parafraza. Kako bi potražio lek, Kabliz se posavetovao s nekim inženjerom koji je u jednoj moskovskoj laboratoriji pripremao mašinu za prevođenje; neku vrstu primitivnog računara koji je radio na ventile i prihvatao samo doslovne poruke, modernizovanu verziju mašina korišćenih u vreme rata za šifrovanje i dešifrovanje tajnih poruka. „Mozak moje pacijentkinje je mašina za prevođenje koja je izgubila kontrolu", rekao mu je, „šta da uradim kako bi prestala da prevodi? Kako biste vi zaustavili svoju mašinu a da je ne isključite?" Inženjer je nedelju dana razmišljao o problemu. A zatim ga je pozvao. „Ubedio bih svoju mašinu da postoji samo jedan istinski jezik", odgovorio je. „A kako da to učinim?" upitao je Kabliz. Inženjer je odgovorio: „Treba putovati kroz vreme. Treba vratiti subjekat u vreme kada su se reči i stvari poklapale, kada je postojao samo jedan način da se sve kaže, kada Vavilonska kula još nije bila srušena." Kablizu se učinilo da je shvatio inženjerov savet; primenio je regresivne lekove i hipnotičke sesije kako bi ženu vratio u detinjstvo. Prevoditeljka se vratila u trenutak jedne jedine reči i istinskog jezika. Odjek je nestao.

Svi mi prevodioci znamo, u manjoj ili većoj meri, šta je taj odjek; svi strahujemo da će ga naša opsesija probuditi i da nikada nećemo moći da ga ućutkamo.

Kada sam završio, začuo sam oduševljene aplauze. Nisam se varao: bili su mi zahvalni na tome što sam bio kratak.

Neka ruka podigla se u dnu. Na svakom okruglom stolu ili konferenciji, bez obzira na temu, postoji jedan nepromenljiv lik: onaj ko pod izgovorom da postavlja pitanje iznese sopstveno izlaganje. Ovoga puta ta uloga je s pravom pripala Valneru.

Počeo je time što mi je uputio pitanje da li znam da je enohovski jezik koji su Džonu Diju prenela nebeska stvorenja izvesni Grajmz koristio kao osnovni jezik mašine za prevođenje. Hteo sam da mu odgovorim kako ne znam ništa o tome, ali mi ni to nije dozvolio.

– Ta mašina je engleski prevodila na enohovski jezik, a sa njega na francuski. Sastojala se od nazubljenih valjaka, po istom sistemu kao muzičke kutije.

– Mašina za prevođenje je uvek muzička kutija, i to je ono što ona proizvodi: dodekafonijsku muziku – prekinuo sam ga mrzovoljno.

Ali, stari Valner nije obratio pažnju na moju šalu i nastavio je da govori. Podigao sam glas kako bih mu predložio da zauzme moje mesto, i izišao iz sale. Manja grupa je, u znak solidarnosti, pošla za mnom. Bili su to Stidljivi Anonimusi, ne naročito skloni verbalnom dokazivanju svog neslaganja, ali navikli na sprovođenje nemih represalija.

Osetio sam prve simptome glavobolje: oči su mi suzile, svetlo mi je smetalo. Popeo sam se u svoju sobu da popijem dva aspirina, od kojih sam skoro istog trena dobio kiselinu. Preveo sam neku knjigu o glavobolji – *Gorgonina glava* – čiji autor, Kabliz, pošto je analizirao stotine slučajeva, dolazi do zaključka da opšti lek ne postoji – glavobolje ne dele zajednički jezik. Kabliz je, to je bilo lako otkriti, voleo glavobolju: u suštini ju je smatrao za znak zdravlja, obeležje neurotičara u svetu u kojem je sve više i više psihotičara.

Kroz kapke se probijala slaba ali nepodnošljiva svetlost; stavio sam glavu pod jastuk i pustio da san povede pregovore sa bolom.

VII

Probudio sam se s mučninom i klecavih kolena. Stavio ručne zglobove pod mlaz hladne vode. Tetovaža glavobolje – vene na slepoočnicama – počela je da nestaje. Odlučio sam da se vratim u svet živih.

U holu me je sačekala gotovo do glave ošišana devojka. Preteći je držala u rukama hemijsku olovku i beležnicu sa spiralnom žicom.

– Radim za novine *Dan*. Moram da napišem rezime prethodnog dana. Zabeležila sam sve što ste rekli, ali imam neke praznine.

Pokazala mi je stranicu ispunjenu nepovezanim rečenicama i pogrešno napisanim imenima. Zamislio sam konačni ishod i po leđima me je probio hladan znoj.

– Ne znam kako se pišu ta prezimena. Mogu li da vas pitam redom za svako?

Seli smo za sto u baru. Za nekoliko minuta završili smo s imenima; s malo taštine, poželeo sam da znam šta je ona shvatila. U suštini, i nije bilo tako loše. Doterao sam dve-tri rečenice i upitao je šta će da popije. Naručila je sok od pomorandže.

Kroz prozor sam pogledao na pusto šetalište; neka žena gurala je kolica sa bebom niz bulevar.

– Miran život – rekao sam. Trenuci ćutanja uvek me dovedu u iskušenje da izgovorim neko opšte mesto.

– Tako misle svi koji dođu sa strane. Bace pogled, vide more, galebove i morževe. Ali, šta znaju o tome šta se dešava u kućama? Držimo prvo mesto po broju samoubistava i psihoza. Kažu da je to sindrom neokačenih slika.

– Kakve veze imaju slike?

– Ljudi dođu i odu. Svake godine traže priliku na nekom drugom mestu. Luka se budi i pada u san svake dve-tri godine. Oni koji dođu, ne okače ništa na zidove zato što se stalno spremaju da odu.

Upitao sam je kako se zove: Šimena. Umalo joj nisam rekao da se sve devojke od dvadesetak godina zovu Žanina i Šimena. Sve nešto na š i ž, da iskoriste sva slova, do kraja.

Prozori su se zatresli. Drveće – neki ariši s retkim granjem – rasli su ukrivo, s krošnjama nakrivljenim ka severoistoku.

– Drugi krivicu svaljuju na vetar. Huji li huji, i čovek na kraju čuje reči. Upravnik muzeja govorio je da mu naleti vetra prenose poruke Morzeovom azbukom. Zapisivao ih je, a posle bi se zatvorio na gornji sprat muzeja da ih dešifruje – iskapila je svoj sok od pomorandže u dugom gutljaju. – Kako se zove onaj što vas je prekinuo? Moram s njim da razgovaram.

Otišla je da nađe Valnera. To što je ustala od stola kod mene je izazvalo izvesnu nostalgiju. Jedan

dan na putovanju je poput celog života u malom: susreti, napuštanja, opraštanja. U stvarnom životu, čoveku su potrebne godine da se s nekim sprijatelji; na putovanju je dovoljan i razgovor od nekoliko minuta.

Dok sam se spremao da ustanem od stola, pojavila se Ana. Bila je obučena u ogromnu zelenu vetrovku. Ljubomorno sam pomislio kako ju je nasledila od nekog muškarca.

– Sećaš li se ove vetrovke? Nadam se da je nećeš tražiti nazad.

Sela je i naručila kafu.

– Bio si nervozan dok si govorio pred publikom.

– Primećivalo se?

– Igrao si se svojom burmom.

Očekivao sam neku pohvalu, koja nije usledila. Nije važno: osvetiću se ja već kada ona bude govorila.

– Hajde da prošetamo – rekla je Ana. – Pre nego što se pojavi Kun s nekom društvenom ili sportskom aktivnošću.

Otišao sam po svoj šuškavac, koji je nekada pripadao mom ocu i imao više od trideset godina. Odavno mi je bila potrebna nova vetrovka, ali nikako nisam mogao da se odlučim. Nisam naročito spreman na promene; kada mi poklone novu košulju, ona mesecima ostane u ormaru, prikačena špenadlama.

Išli smo duž obale, nasuprot vetru. Ana nije htela da gazi po algama.

– Nikad mi se nisu sviđale. Kad bih ušla u more, gadile su mi se. Izgledale su mi kao paučina.

Podsetio sam je kako ju je jednom, dok smo zajedno plivali, ožarila meduza.

– Izlečio si me tako što si mi trljao nogu nekom travom. Kako se zvala?

– Izmislio sam neko ime. Molila si me da učinim nešto, i učinio sam prvo što mi je palo na pamet, da te umirim.

– Prevario si me, a ja to saznajem ovoliko godina kasnije.

Upitao sam je šta je radila poslednjih godina. Odgovorila mi je toplinom poslovne biografije: univerziteti, stipendije, objavljeni tekstovi...

Prebacio sam joj ruku preko ramena. Da nije nosila onako debelu vetrovku koja ju je odvajala od sveta, bio bi to znak prisnosti.

– Kako je to zamorno – rekao sam joj. – Tolika putovanja, nove kuće, novi prijatelji...

– Šta je u tome loše?

– Zato smo se razišli.

– Zato?

– Neko je otišao, a neko je ostao. Između nas, more.

– U stvari, uopšte ne volim da putujem. Bojim se aviona. Mrzim nova mesta. Ali, budim se sa osećajem da se negde drugde nešto dešava, i moram da krenem, pa onda na sledeće, i sledeće.

Objašnjenje mi je stiglo sa deset godina zakašnjenja. Nije važno; ni svojevremeno mi ne bi poslužilo za utehu.

Pred nama su stajale dve senke. Nije bilo dovoljno svetlosti da bismo im videli lica. Svetionik kao da je oko sebe bacao tamu. Kada smo se približili, prepoznao sam nekog Francuza i prevoditeljku iz buenosajreskih novina. Nalazili su se na dva metra od uginule foke. To nije bila ona koju sam ranije video: bila je veća i nalazila se dalje od hotela. Na licima im se videlo gađenje, ali nisu napustili svoje osmatračko mesto.

– Rekli su mi da vlada neka epidemija – rekao je Francuz, Šreber. Kun mi je pričao o njemu; bavio se programima za tehničko prevođenje.

– Video sam još jednu, nešto dalje.

– Ne liči na životinju. Liči na stenu. Na stenu sa nekim natpisom.

Pogledao sam sivo krzno išarano linijama, grumuljicama, mrljama koje kao da su pravile nepravilne znakove.

Ana se pribila uz mene tako snažno da nas je razdvajalo samo pola metra odeće. Anu su plašile te mrtve stvari u mraku, alge, bolnice i avioni. Zato je izbegavala sve te stvari, osim aviona.

Uprkos foki koja je trulila pred mojim nogama, osetio sam glad, možda zbog morskog vazduha, kojem je oduvek pripisivana, bez ikakvog dokaza, sposobnost da otvara apetit.

Pogledao sam na sat.

– Petnaest do devet. Ubrzo će poslužiti večeru.

– Hladno je. Hajde da se vratimo u hotel – zatražila je Ana.

Šreber je bacio kamen u vodu. Progutala ga je pre tama nego more. Udaljili smo se od Francuza i one žene.

Svetionik je bio ugašen, na putu nije bilo osvetljenja, nije bilo automobila; hotel, osvetljen, izgledao je kao jedino naseljeno mesto.

Pre nego što smo stigli do hotela zaustavio sam Anu uhvativši je pod ruku, primakao lice i poljubio je. Ona je prihvatila poljubac, ali je potom rekla:

– To nije ništa. To je samo razglednica koju čovek pošalje nekome ko se nalazi daleko i ko će i ostati daleko.

Sada nije sada, pomislio sam: sada je deset godina ranije. Postoji vremeplov napravljen od peska, mrtvih algi, naleta vetra. Treba da prođe još pet godina dok ne upoznam Elenu, među nagomilanim knjigama u jednoj od izdavačkih kuća. Sada je deset godina ranije, i tek treba da izgubim Anu.

Ona me je vodila ka hotelu, pošto ja ništa nisam video. Vremeplov je polako pošao nazad: ubrzo će se vratiti u sadašnjost, to mesto na kojem ostali o čoveku ne znaju baš ništa.

VIII

Išli smo ćutke. Ne primećujući, ubrzao sam korak i ostavio Anu za sobom.

– Otkud oni ljudi tamo gore? – upitala me je.

Podigao sam glavu, pogledao ka mračnoj polovini hotela. Na poslednjem spratu videle su se svetlosti u pokretu.

Kada smo ušli u hol, naznake napetosti pomešale su se ne ostavljajući vremena za pitanja: vozač kombija izišao je iz hotela tako naglo da me je gotovo pregazio, grupa prevodilaca okružila je Šimenu i davala joj nešto da popije, portir je uzbuđeno razgovarao telefonom:

– Klub Senda? Da li je komesar tu? Recite mu da je hitno, da dođe u Hotel Svetionik...

Sreo sam se sa Islasom, koji je odsutno šetao, kao zvanica na skupu na kojem nikoga ne poznaje, pa sam ga upitao šta je razlog tolikom uzbuđenju.

– Pozlilo je devojci iz novina – odgovorio je stidljivo, kao da oseća da nije dostojan da odgovori na pitanje koje ga se uopšte ne tiče. – Gore se nešto desilo.

Popeo sam se liftom do petog sprata. Sobe na toj strani nisu bile popunjene; neke su služile kao ostave. Vrata koja su vodila u drugi deo zgrade bila su otvorena. Sa druge strane nalazila se grupa ljudi sa lampama. Svi su ćutali, stojeći oko bazena. Pošto su svetiljke osvetljavale naniže, lica se nisu dobro videla. Prepoznao sam samo Kuna, čija se glava izdizala iznad ostalih.

Bazen, kao i ceo sprat, bio je od nepokrivenog betona. Nije bio ničim zaštićen, jer se iznad nalazila samo gvozdena konstrukcija na koju nisu bila postavljena stakla. Kiše su napunile vodom najdublji deo bazena. Snopovi svetlosti iz lampi na trenutak bi se zadržali na dnu, pa bi nastavili da lutaju preko nezastakljenog krova. Ničice, pet centimetara u vodi, nalazilo se telo odeveno u plavu vetrovku. Desna ruka bila je potpuno potopljena, ali se na levoj videlo prstenje: mesec, oko, osa i srce.

DRUGI DEO

Strani jezik

Maternji jezik: tako nešto ne postoji.
Rađamo se u nepoznatom jeziku.
Sve ostalo je lagano prevođenje.

Ulises Drago, *Vavilon*

IX

U prizemlju je bilo nekoliko soba namenjenih mnogobrojnoj posluzi koja se nikada nije nastanila u hotelu. U jednu od tih soba, sa brojem 77, smestili su Valnerovo telo, na dušek bez čaršava, umotan u najlon. Letimičnim pogledom osmotrio sam tesni sobičak, jedva osvetljen mutnom svetiljkom od malo sveća, gole zidove, telo preveliko za tako uzan krevet, s opuštenom rukom sa koje je voda kapala po podu.

Upravnik hotela, Rauać, koga ja do tada nisam upoznao, pojavio se u sakou s kravatom, s raspoloženjem u kojem su se mešali volja da zavede red i očajanje. Usred noći išao je kroz hotel izdajući naređenja i tvrdeći da je nevin.

– Hotel tu ništa nije odgovoran. Gosti su bili upozoreni da je opasno prelaziti na drugu stranu.

Dva policajca stigla su u džipu; jedan od njih bio je komesar iz Luke Sfinga, Gimar; drugi, neki debeli narednik usporenih pokreta. Narednik je morao da odigra i ulogu fotografa pre nego što su telo izvadili iz vode. Posmatrao sam ga kako radi; bilo je očigledno da nije bio navikao da dolazi u dodir sa pokojnicima. Slikao je s najveće moguće udaljenosti.

– Primaknite se, čoveče – naredio je Gimar tihim glasom. – Treba mi mrtvac, a ne pejzaž.

Svi mi, učesnici kongresa, nalazili smo se u hotelskom baru i prisustvovali drami u kojoj su drugi – Rauać, komesar, lekar koga su probudili usred noći da potpiše umrlicu – bili protagonisti. Svesni svoje uloge, govorili su previše glasno, ali u isti mah i u najvećem mogućem poverenju, uz napola izgovorene reči i nemo sporazumevanje. Pratili smo šta rade, trudeći se da protumačimo nepovezane odlomke razgovora.

– Treba mi spisak sa imenima i adresama svih gostiju – naredio je komesar portiru. – Ko je našao telo?

Šimena je spavala u fotelji u holu. Dali su joj konjak da se oporavi od straha, ali je doza bila preterana.

Probudila ju je Ana, prodrmavši je najpre pažljivo, a zatim žustro. Šimena je pogledala komesara i prisno se sa njim pozdravila. On ju je upitao za strica, za još nekog rođaka, i kad su završili sa rodbinom, za mrtvaca.

– Tražila sam Valnera na sve strane.

– Zašto si ga tražila?

– Naručili su mi izveštaje sa kongresa. Portir mi je rekao da ga je video kako se penje stepeništem. Pokucala sam na vrata njegove sobe, ali nije bilo nikoga. Začula sam korake na stepeništu; provirila sam i ugledala, kroz pukotinu, nekog čoveka kako se penje. Učinilo mi se da je to Valner, zbog plave vetrovke. Popeo se na peti sprat.

Komesar ju je ljutito pogledao.

– Popela sam se na poslednji sprat. Tražila sam ga po hodnicima, ali ga nisam našla. Pažnju mi je privukao neki šum, neki prozor koji je lupao. Tada sam čula njegov glas i pretpostavila da me je spazio i da me zove. Glas je dopirao odozgo.

– Na kom jeziku?

– Nije bio ni engleski ni francuski, niti bilo koji drugi jezik koji bih ja umela da prepoznam.

– Čuo se glas nekoga drugog?

– Ne. Sledila sam njegov glas i zatekla otvorena vrata koja vode u srušeni deo hotela.

– Nije srušen – rekao je Rauać. – Još nije završen.

– Popela sam se na terasu. Pre nego što sam tamo stigla, čula sam zvuk nekog udarca. Potrčala sam preko terase, pogledala kroz gvozdene šipke na krovu i dole ugledala Valnera.

– Nisi čula da viče dok je padao?

– Ništa nisam čula.

– Na terasi nije bilo nikoga više?

Kun je prišao grupi.

– Komesare, neka bude jasno da sa Valnerom niko nije bio u neprijateljstvu. Ne bih želeo da moji gosti budu osumnjičeni za zločin.

– Sudije nema do ponedeljka. Dok on to ne dozvoli, niko ne sme da napusti Luku Sfinga.

– Čak ni stranci?

– Naročito ne stranci. – Komesar je prišao Kunu.

– Valner je govorio jezikom koji devojka nije pre-

poznala. S kim je to mogao da razgovara? Ima li ovde neki Nemac, Rus...?
— Ne; tu je jedna Italijanka, dvoje Francuza, jedan Amerikanac... Ali, svi oni govore španski. Verovatno je Valner razgovarao sam sa sobom.
— Na stranom jeziku?
Kun mu je ispričao koliko je Valner bio opsednut enohovskim jezikom. Počeo je da mu objašnjava šta je to, ali ga je komesar prekinuo.
— Da li je tokom konferencije izgovorio neku reč na tom jeziku?
— Formulu koju čovek izgovara da bi postao nevidljiv, i još jednu, za levitiranje.
— I da li je levitirao? — upitao je komesar. — Ili je postao nevidljiv?
— Mogu da vam dam snimak sa konferencije — rekao je Kun uvređeno.
— Sudija će morati da ga prouči. Možda će devojka prepoznati taj jezik kao onaj kojim je Valner govorio pre nego što je skočio. Možda su mu njegovi anđeli rekli da skoči u provaliju. Prošle godine, početkom zime, vlasnik hotelčića u blizini luke ubio je ženu čekićem koji je upravo bio kupio. Rekao je da mu je to naredio neki glas koji je izbijao iz drveta u ognjištu. Najviše me je začudilo to što je imao mnogo alata u kući, pri tom i razne vreste čekića, ali mu je glas naredio da kupi najveći i najskuplji čekić koji nađe.
Gimar je obukao kaput.
— Odlazite, komesare?
— Žurite se nekuda? Želite da odem, Rauać? Najpre ću da obiđem peti sprat.

– I ja odlazim, komesare – rekao je lekar.
– Šta ćete napisati u umrlici?
– Ubio ga je udarac. Nema znakova da ga je neko ranio ili tukao.
– Ako nađem nekog rođaka, šta da mu kažem? – upitao je Kun.
– Autopsija će biti obavljena u gradu i sigurno će potrajati nekoliko dana dok im ne budu predali telo – odgovorio je Gimar. – To nije u mojim rukama.

U dva izjutra Gimar i onaj drugi policajac su otišli, a mi smo sa okupili na laku večeru. Trudili smo se da prikrijemo da nam je Valnerova smrt oduzela apetit. Počeli smo da jedemo hladno predjelo u sitnim, rasejanim zalogajima, ali smo na kraju sve proždrali.

Pre dezerta, Kun je ustao.

– Uprkos utisku koji je na nas ostavila nesreća, predlažem da nastavimo sa kongresom prema utvrđenom redosledu. Pošto ćemo leći vrlo kasno, možemo početi u deset umesto u devet.

Pored mene je sedeo Vaskes. Odavno je poznavao Valnera. Počeo je da priča, setnim tonom mu odajući počast, o nekom predavanju o esperantu koje je Valner održao šezdesetih godina. Jedna anegdota povlačila je za sobom drugu, setni ton odavanja počasti se izgubio, i posle pola sata nekontrolisano smo se smejali i naručivali nove boce vina.

Kun, kome je bilo neugodno, zatražio je malo poštovanja. Vaskes, teturajući se, pomalo postiđen, udaljio se put svoje sobe. Ana je zauzela njegovo mesto. Napunila je obe čaše ostatkom belog vina.

– Srećan rođendan – rekla je, krišom se kucnuvši sa mnom. – Odavno je prošlo dvanaest.
– Bio sam zaboravio.
– Šta sam ti prvi put poklonila?
– Ne sećam se.
– Kutiju sa uljima koja nikada nisi koristio. A poslednji?
Toga sam se setio. Pero kojim sam napisao nekoliko pisama na koja mi ona nije odgovorila.
– Ni toga se ne sećam.
Ispratio sam je do vrata njene sobe. Kada smo se pozdravljali, ona mi se na nekoliko trenutaka obisnula oko vrata, kao da je zaspala. Načas sam zatvorio oči, a kada sam ih otvorio, nje više nije bilo.

X

Probudio me je telefon. Podigao sam slušalicu i začuo prve stihove pesmice *Srećan tebi rođendan* kako se probijaju kroz smetnje na vezama. Bio sam toliko pospan da mi je bilo potrebno malo vremena dok nisam prepoznao Elenu.
– Jesi li mi kupila poklon?
– Još nisam. Koristim priliku, pošto nisi tu. Danas treba da govoriš?
– Već sam govorio.
– I kako je bilo?
– Dobro, čini mi se. Ali, imam još nešto da ti ispričam.

Oduvek mi je bilo teško da razgovaram telefonom, pošto nikada ne znam šta da kažem. Čak i kada imam neku temu, počinjem da govorim lakonski; dok sam pričao o Valnerovom padu, moje telegrafske rečenice činjenicama su davale još sumorniji izgled; kada pričam o nečemu – to su mi kazali hiljadu puta – gradim zidine oko onoga što opisujem i svako mesto predstavljam kao zatvoreno i skučeno. Elena me je, uplašena, zamolila da se vratim; bile su joj draže moje noćne šetnje po kući nego teskoba koju je osećala primajući tako čudne vesti iz daleka.

– Sad ne mogu da se vratim – objasnio sam. – Ostaćemo zarobljeni dok se stvari ne razjasne.

Upitala me je za ostale osobe. U stvari, htela je da zna ima li mladih žena. Izneo sam spisak učesnika i čini mi se da nikoga nisam zaboravio, osim Ane.

– A Naum?

– Kažu da dolazi sutra.

– U novinama sam pročitala da će po povratku održati predavanje u Buenos Ajresu, pre nego što se vrati u Pariz.

Nisam rekao ništa.

– Zovi me sutra – zamolila je. Rekla mi je da joj nedostajem i da joj se, mada još nije prošao ni jedan dan, vreme odužilo.

– Pogledaj vest u novinama – rekao sam ja. – Valner je imao svoje sledbenike. Nema sumnje da njegovu smrt tumače kao nekakvu zaveru kako bi se neka baza vanzemaljaca očuvala u tajnosti.

Kada sam sišao na doručak, mimoišao sam se s dvojicom službenika iz gradske mrtvačnice koji su na nosilima iznosili Valnerovo telo. Bilo je prekriveno crnim nepromočivim platnom. Rastužio sam se zbog tog susreta, i pojeo samo jednu kiflu.

U baru je bilo živo; Valnerova smrt već je pripadala davnoj prošlosti. Gosti su se dovikivali između stolova, neki kao da su bili oduševljeni pretpostavkama o ubistvu. Naspram mene je seo jedan od dvojice Francuza, Šreber, koji je počeo da mi objašnjava kako je pokušavao da sa grupom antropologa radi na nekom urođeničkom jeziku – ne sećam se kojem – kao internom jeziku programa za prevođenje. Pojedini primitivni jezici imaju logičku strukturu sličnu veštačkim jezicima, rekao mi je Šreber. Civilizaciji je, naprotiv, oduvek bio potreban neki iracionalni jezik da bi se izrazila. Francuz ništa nije shvatao: tema dana bilo je nešto drugo. Pobegao sam od njegovog društva, u potrazi za tračevima.

Iz zvučnika je odjekivala neka beživotna muzika; zatim se začuo glas spikera. U baru je zavladala tišina: onaj čovek, sedeći u glavnom gradu pokrajine, pitao se: „Da li je neki prevodilac ubica? Priča se da je to bio nesrećan slučaj ili samoubistvo, ali, s kim je poginuli razgovarao u noći ubistva? U znak sećanja na profesora Valnera emitovaćemo odlomak sa predavanja koje je prošle godine održao u našem gradu, o vanzemaljskom gradu Erksu."

Razumnim tonom, Valnerov glas počeo je da objašnjava kako postoji neki grad ispod neke planine, i kako vlada skriva tu činjenicu. Smenjivanje ministara, unutarpartijske promene, politički sukobi, sve su to samo dimne zavese, vesti koje su zabašurivale prave događaje, imaginarne konstrukcije koje su nas udaljavale od istine. Tvrdio je da je uz pomoć aparata koji je sam izumeo – i koji je nazvao *erkoskop* – ispitao zemljište i da je čuo glasove ispod zemlje koji su govorili jezikom nalik nekakvoj muzici odsviranoj na staklenim instrumentima.

Kuna sam zatekao napolju, samog, zagledanog u more. On nije bio čovek navikao na melanholiju.

– Celog jutra sam zvao telefonom kako bih pronašao Valnerove rođake. Uspeo sam samo da razgovaram sa susedima koji će pokušati da obaveste neku rođaku koja živi ne znam gde.

– A zar ne može da ti pomogne neka od onih grupa kojima je pripadao?

– Sa svima se posvađao. Čim bi osnovao neku grupu i uspeo da je organizuje, počeo bi da radi na njenom cepanju – Kun je seo na stepenice na ulazu. – Dve godine sam pripremao ovaj kongres. Ne možeš zamisliti koliko je to telefonskih poziva, faksova, pisama... A sad niko uopšte ne misli na kongres. Svi hoće da idu.

Pribrano sam razmislio šta da mu kažem kako bih ga okuražio.

– Ljudi se sa kongresa stalno vraćaju bez ičega o čemu bi pričali, osim poneke prolazne romanse. Ovoga puta će se svi vratiti sa dobrom anegdotom. Godinu dana će se svi sećati kongresa Hulija Kuna.

On se bezvoljno osmehnuo i pogledao na džepni časovnik.

– Idem polako prema sali. Da proverim radi li mikrofon.

– Koga ćemo morati da otrpimo?

– Anu.

Nijedna sesija nikad ne počinje na vreme, pa sam se tako malo zadržao u baru, posmatrajući ljude koji su ulazili. I komesar je ušao. Prišao je mom stolu.

– Ljudi se veoma zanimaju za današnju sesiju – rekao mi je.

– Jeste li nešto našli?

– Komad plave tkanine koji se zakačio za šipku na krovu. Portir mi je rekao da je Valner prilično pio. Možda nije bilo samoubistvo, nego nesrećan slučaj.

– Valneru alkohol nije škodio. Samo mu je vraćao malo zdravog razuma.

– Ispričali su mi da se sa vama posvađao prilikom vašeg izlaganja.

– Nije se posvađao, samo me je prekinuo.

– Posle toga niste nastavili svađu?

– Zanima vas da li sam ga ja gurnuo? U to vreme bio sam na drugom mestu.

– Gde?

– Na plaži.

– Sami?

– S Anom Despinom. Sada će govoriti. Ako želite da je čujete...

– Ne, hvala. Lako zaspim. Nemojte se uvrediti, ali prevođenje nije tema koja me zanima. Jedino prevođenje za koje brinem jeste kako da prevedem pijance koje zateknem da spavaju na ulici. Svi pijanci govore istim jezikom; niko ne shvata šta govore, ali se oni međusobno razumeju. Kad popijem malo više, i ja počnem da ih shvatam.

XI

Sveta je bilo mnogo više nego prethodnog dana. Nije bilo slobodnih mesta. Publika, privučena vešću, posmatrala nas je s ispitivačkom pažnjom, proučavala naše crte lica ne bi li prokljuvila čije je lice najprikladnije za zločinca. Mada je analiza prema Lombrozovoj tipologiji zvanično odavno proterana iz kriminologije, nije izgubila na popularnosti.

Ana se popela na podijum sa nervoznim osmehom. Publiku izgleda nije bilo moguće utišati. Kun je prišao da je umiri.

– Ako budem video da i dalje žamore dok budeš govorila, prekinućemo na nekoliko minuta i preći ćemo u drugu salu. Nema razloga da budemo seoski cirkus.

Ali, Kun je znao da mi jesmo seoski cirkus, i nastavio je sa predstavom. Popeo se na podijum i predstavio Anu bez greške i nijednom ne pogledavši papirić na kojem je zabeležio njen sažet kurikulum.

Ana je imala trideset i pet godina, ali je izdaleka izgledala kao devojka od dvadeset. Publika ju je posmatrala s odobravanjem: ta marljiva devojka nema nikakve veze sa zločinom.

Tema njenog izlaganja bila je knjiga *Moja sestra i ja*, navodno posthumno delo Fridriha Ničea. Ana je počela pričom o pojavljivanju knjige, štampane u Njujorku 1950. godine, u izdavačkoj kući *Boar's Head Books*. Prema verziji u kojoj su urednici objasnili kako to da je knjiga ostala skrivena više od pola veka, Niče je rukopis sastavio neposredno pred smrt, dok je bio zatvoren u azilu u Jeni, i predao ga nekom drugu kako bi ga spasao iz kandži svoje sestre, Elizabete. Sin tog čoveka prodao ga je nekom izdavaču koji ga je dao na prevođenje Oskaru Baumu. Kada je Baum vratio original i tekst na engleskom, izdavač je već bio propao. Knjiga je godinama ostala zaboravljena u magacinima izdavačke kuće, sve dok vlasnik nije odlučio da se vrati u posao. Bilo je prošlo dvadeset godina; sačuvan je samo tekst na engleskom.

Stručnjaci za Ničea nikada nisu ni posumnjali da je reč o prevari; čudno je bilo to što je knjiga bila mnogo više od pastiša Ničeovih ranijih dela, a što bi bio način rada nekog falsifikatora. Onaj koji ju je napisao imao je talenta i bio je opsednut duhom autora. Pokretala ga je i apsolutna želja za osvetom nad Ničeovom sestrom, koja je, osim što je dešifrovala i objedinila filozofove spise, brinula i o tome da njegovo delo približi nacističkoj misli. Najraširenija pretpostavka bila je da je autor bio Georg Plotkin, profesionalni falsifikator, pošto je malo pre smrti priznao nekom stručnjaku za nemačku književnost kako je on napravio tu krivotvorinu. „Priznati autorstvo takve knjige", rekla je Ana, „ne znači priznati zločin nego slavu. To da blizina smrti nadahnjuje na iskrenost jeste aforizam koji Niče sebi ne bi dozvolio."

Ana je, našavši nadahnuće u francuskim kritičarima, govorila pomalo zbrkano; činjenice i informacije bile su naplavine koje je za sobom ostavilo more rečenica što stalno kao da su skrivale nekakvu tajnu. Ana je bila odlučila da filološki prouči američko izdanje knjige, trudeći se da otkrije da li je iza toga postojao neki nemački original, ili je bila napisana na engleskom jeziku. Njena glavna hipoteza bila je sledeća: jezik prevoda, ma koliko bio tečan, uvek za sobom vuče talog jezika koji leži ispod njega. Ti ostaci ne dozvoljavaju da se postigne prisnost, i stvaraju efekat distance. Problemi s vidom osudili su je na optičke metafore: „Knjige pisane na našem maternjem jeziku čitamo poput kratkovidih, previše ih primičući očima. Ali, prevedene knjige odmičemo od sebe kako bi nam postale jasne. Njihova žiža nalazi se nešto dalje." Anin zaključak bio je da je iza izdanja iz 1950. godine stajao nemački original, koji je napisao Niče ili neka varalica; jezik prevoda – tvrdila je – nemoguće je podražavati.

Šimena je prišla podijumu kako bi snimila fotografiju dok su ljudi aplaudirali. Trebalo je da počnu pitanja, ali je publika, umorna od ćutanja, počela da se dovikuje. Poneka ruka se podigla, ali je Ana radije pobegla sa podijuma. Ustao sam da joj pođem u susret: neko je naleteo na mene. Bila je to Rina Agri, koja se nije izvinila, i udaljila se kao mesečarka.

Bio sam rešen da Ani ne kažem ništa o njenom izlaganju, ali to nisam mogao da izbegnem, nego sam joj čestitao.

– Šteta što Naum nije tu – požalila se ona, a ja sam požalio još i više što sam joj prišao. Hteo sam da iziđem i da malo proluftiram svoju ozlojeđenost, ali me je Ana zadržala.

– Umalo nisam izgubila nit. Iz drugog reda, Rina me je gledala u oči i mrdala usnama; potom sam shvatila da priča sama sa sobom – rekla je Ana.

– Naletela je na mene i uopšte nije primetila.

– Mora biti da joj je pozlilo. Idem da je potražim – požurila je Ana ka izlazu.

Sedeći u poslednjem redu, naoružana beležnicom, magnetofonom i starim i teškim foto-aparatom, Šimena je preslušavala snimak, menjala rolnu u aparatu i ponovo nešto beležila.

– Mislio sam da ćeš posle onog straha koji si pretrpela otići – rekao sam joj.

– Ni u ludilu. Moram da izveštavam o kongresu za dnevne vesti. To je mnogo bolje. Kulturni dodatak niko ne čita. Nisu prestali da ga štampaju samo zato što direktorova žena piše pesme.

Pokazala mi je primerak *Dana*. Stigla je na vreme da vest o Valnerovoj smrti bude ubačena u izdanje. Ogroman naslov najavljivao je: „Naš izveštač našao leš."

– U stvari, vest nisam napisala, samo sam prenela neke podatke telefonom. Na sreću, danas je subota, a u novinama vikendom niko ne želi da radi. Inače bi poslali nekoga iz redakcije.

– I dalje ćeš pisati o kongresu?

– O kongresu, ne znam... O Valnerovoj smrti će pisati mesecima. Stvari se uvek dešavaju negde drugde; konačno se nešto dešava među nama. Moja današnja vest biće opis ambijenta dan posle Valnerove smrti. Kuloarski tračevi, reakcije publike...
Zevnula je.
– Znam da je vaša prijateljica, ali mi je ta žena bila mnogo dosadna.
– I ja sam juče bio dosadan?
– Ne, uopšte ne može da se poredi.
– U stvari, doktorka Despina zna mnogo više od mene. Pitam se da li je dobro ispala na snimcima.
– Sumnjam, nema dobar profil.
– A nisi je slikala anfas?
– Nisam. Baš sam htela da je slikam iz profila. Sad treba da napravim snimke mesta gde je Valner poginuo. Hoćete sa mnom? Plašim se da idem sama.

Popeli smo se na peti sprat. Vrata su bila zaključana i preko njih zalepljena lepljiva traka. Kako bismo prešli u drugi deo zgrade, morali smo da se popnemo na terasu.

Stigli smo do gvozdene konstrukcije, koja me je podsećala na krov staklene bašte, i nagnuo sam se da bacim pogled na bazen. Bio je to poslednji prizor koji je Valner video pre smrti: pravougaona betonska rupa puna kišnice. Nekoliko trenutaka ogledali smo se u vodi. U izvrnutoj slici, video sam Šimenu kako se sprema da slika.

– Uvek snimaš fotografije?
– Jeste, sve sama radim, kao ratni izveštači.
– A kakve vesti šalješ iz Luke Sfinga?

– Pred leto, o turizmu. Ako otkrijem nekoga slavnog, snimim ga i postavim mu neko pitanje. Ponekad izveštavam o saobraćajnim nesrećama, o policijskim slučajevima... Ali malo šta objavljuju. Kad se desi nešto važno, pošalju novinara iz redakcije.

Niz lestvice smo se spustili do napola sagrađenog bazena. Šimena mu je prišla polako, kao da je Valnerovo telo još tamo. Ja sam zastao na ivici i pod vodom video odsjaj nekog novčića. Uskočio sam unutra, u najplići deo, koji je bio prazan. Išao sam sve dok mi se đonovi nisu pokvasili, i ispružio se da dohvatim novčić.

– Šta je to? – upitala je Šimena.

– Novčić od nikla od jednog pezosa. Iz 1969. godine. Izbačen je iz opticaja početkom sedamdesetih.

Šimenu novčić nije zainteresovao. Snimala je krov, otvor sa lestvama, mačku koja se šetala po ivici krova. Ja sam novčić stavio u džep. Sloj rđe koji ga je pokrivao bio je vrlo tanak. Nije dugo bio u vodi. Zagrebao sam po rđi: na njemu su bili tragovi zuba.

Od Valnera bih očekivao drugačiju amajliju – kamen sa magičnim moćima, mumificiranog škorpiona, kristal, rune – ali ne i nešto ovako nevino, tako lišeno smisla kao što je to novčić izbačen iz opticaja.

XII

Gajio sam nadu da je Nauma pregazilo vreme. Ali, kada je izišao iz sivog kombija, prkoseći vetru koji je uzaludno pokušavao da mu umrsi kosu, primetio sam da je stekao autoritativan izgled koji se u mladosti kod njega jedva mogao naslutiti.

Prišao sam mu ispruživši ruku. Dočekao me je zagrljajem i srdačnim rečima:

– Uopšte se nisi promenio. Čak nosiš i isti šuškavac.

Nikad se ne brinem oko odeće, a kada to učinim, odmah na svojoj ženi primetim da sam ponovo pogrešio u izboru veličine, modela ili boje. Naum, ne. Niti su mu se cipele sijale više nego što treba, niti je njegova odeća pokazivala preteranu sklonost ka novotarijama: njegova elegancija bila je stvar taloženja pretvorenog u naviku, nemarna elegancija koja se ne može improvizovati za jedno popodne kupovine kreditnom karticom.

Bio sam prinuđen da prisustvujem Aninom srdačnom pozdravljanju sa njim. Razmenjivali su imena osoba koje su im prenosile vesti o onome drugom; bili su poput kralja i kraljice koji se prisećaju nestalih glasnika. Kun je prišao da mu zvanično poželi dobrodošlicu; osmehivao se s olakšanjem, kao da je Naum doneo rešenje za sve njegove probleme.

Seli smo za sto da doručkujemo. Kun je postavio Nauma u čelo. Svi smo prećutkivali jedinu moguću temu, kao da ispunjavamo obavezu koju nam nameće ljubaznost. Jelovnik je bio nešto bolji nego prethodnih dana. Boce vina više nisu bile iz nepoznatih podruma.

– Vozač kombija mi je sve ispričao – reče Naum čim je seo. – I na radiju su pričali o tome.

– Poznaješ li Valnera? – upitao sam ja.

– Povremeno smo se dopisivali. Zanimala ga je moja knjiga o lingvistici i alhemiji. Nikada se nismo lično sreli.

U Naumovoj karijeri bilo je dva trenutka koji su potvrdili malu legendu što je brižljivo ponavljana na klapnama njegovih knjiga. Kada je doktorirao, dobio je stipendiju za Sjedinjene Države da bi radio na institutu EMET, gde je posle objavljivanja ogleda o neurolingvistici postao čovek za vezu između lingvista i neurologa. Ubrzo pošto je na EMET dobio katedru, sve je napustio kako bi otputovao najpre u Italiju, a zatim u Francusku, da proučava hermetičke jezike. Šef Odeljenja za lingvistiku na EMET osudio je učenika koji ga je napustio: „Da se niko nikada", rekao je, „da se niko nikada nije usudio da izgovori njegovo ime u mom prisustvu." Naum je na dve godine potpuno nestao iz akademskog sveta; uskrsnuo je s pojavljivanjem lingvističkog ogleda o alhemiji, kod univerzitetskog izdavača u Parizu, *Hermesov pečat*, posvećenog njegovom bivšem učitelju. Sa dve stotine stranica knjige stekao je ugled i novac; neka fondacija je u njegove ruke poverila Institut za lingvistiku posvećen istraživanju veštačkih jezika i simboličkih sistema magije i alhemije.

Za stolom se pričalo o Naumovom putu, o Naumovim objavljenim radovima, o tome šta je budućnost Naumu obećavala. Davnašnja ozlojeđenost diktira mi reči; znam da niko drugi nije posedovao tu zavodljivu mešavinu javnog uspeha i intelektualnog ugleda, i da je ta glasovitost bila zaslužena. U svojim knjigama Naum se nije zabavljao gomilajući reči kako bi drugi provodili sate polako ih dešifrujući; nije tekst zatrpavao fusnotama koje bi upućivale na druge fusnote; nije tražio tumače i posvećenike, nego onu iščezlu vrstu, čitaoca. Pročitao sam njegova dela u nadi da ću otkriti neko opšte mesto, neku grešku, ali to je bila savršena mašinerija ideja sklopljenih tako da jasno govore o složenim temama.

– Odavno se priča da pripremaš novu knjigu – rekao je Kun. Ali u intervjuima to ni rečju ne pominješ.

– To su moje stalne teme. Nikakvo iznenađenje, nikakva tajna.

– Teško je sakriti nešto a da drugi ne pomisle da je reč o tajni – rekao sam ja. – Kao kad čovek ima kovčeg, neće da ga otvori, i kaže: „Neću da ga otvorim, ali znajte da je kovčeg prazan."

– Moj kovčeg nije baš potpuno prazan. Ali, u njemu su samo stare hartije.

– Nadao sam se da ćeš nam otkriti ponešto – rekao je Kun.

— Hajde, molim te, Hulio, nemam tu šta da otkrivam.
— Ni meni? — upitala je Ana. — Otkad se znamo?
— Kako odoleti molbi jedne žene? Možda ću ti kasnije nešto reći, ali znam da će to biti razočaranje. Nije važno: mi muškarci osuđeni smo na to da razočaravamo žene.

Dok smo još sedeli za stolom, Ana je dala znak Rini da dođe bliže; ali, Italijanka joj je uz poluosmeh mahnula iz daljine i ostala na svom mestu. Nije razgovarala ni sa kim.

— Zar ju je Valnerova smrt toliko pogodila?
— Ne verujem — odgovorila je Ana. — Nije ga poznavala. Zašto Rina nije htela da sedne sa nama? Šta si joj učinio, Naume?

Naum se nasmejao.
— Malo sam zaostao sa prepiskom. Kasnije ću se pomiriti sa njom.

Kun je najavio izlet. Naum se izvinio; put je bio dug i bilo mu je draže da ostane i pripremi beleške za svoje izlaganje.

— Mislio sam da ćeš improvizovati, Naume. Kao u dobra stara vremena — rekao sam mu.
— Improvizacija je uvek varka; i to varka za koju je potrebna još veća priprema. Ja sam mnogo lenj za takve stvari. Više volim da imam sve zabeleženo, kako bih, dok govorim, mogao da mislim na druge stvari.

Pokazao je dlanove ruku, kao da je na njima sve napisano.

XIII

Kuṅ, Ana, ja i četvoro-petoro prevodilaca kojih se više ne sećam krenuli smo da vidimo najpre Crnu Solanu, a potom i postrojenja, takođe napuštena, nekog rudnika uglja.

Na putu su Kun i Ana razvijali pretpostavke o Naumovoj sledećoj knjizi.

– Išao je po azilima tražeći ljude sa poremećajima u govoru – rekla je Ana. – U nekoj bolnici naišao je na nekog Španca, Ulisesa Draga, koji je godinama pisao dugačku pesmu o padu Vavilona. Drago je govorio nerazumljivim jezikom koji je sam izumeo, ali je svoje vizije o kuli zapisivao na španskom. Naum je objavio nekoliko članaka o Dragu i odnosu između njegove poeme i jezika koji je izmislio. Mislim da je ta knjiga koju skriva neka mešavina eseja i fikcije u kojoj ga Drago vodi po ruševinama Vavilonske kule.

– Da li će o tome govoriti u današnjem izlaganju? – upitao je Kun. – Zamolio sam ga da mi unapred pošalje temu, ali mi je odgovorio da još nije odlučio.

– Uvek kaže da još nije odlučio – rekla je Ana oštro. U njenom ljutitom glasu prepoznao sam prisnost i, sa olakšanjem, zlobu.

Kombi se zaustavio na ivici puta, pa smo jedan kilometar prešli pešice, duž blagog uspona. Crna Solana bila je mala visoravan koja je izgledala kao trag nekog prepotopskog požara. Neki teretni vagoni ostali su zaboravljeni već četrdeset godina, dok ih je izjedala rđa i vetrovi. Prljava so mešala se sa kostima ptica koje su tu u malim jatima stizale tokom zime.

Sa zemlje sam podigao lobanju neke ptice i stavio je u džep. Na jednoj polici u svojoj radnoj sobi skupljao sam kosti ptica, koje su se Eleni gadile. Prešli smo još dvadeset kilometara, i stigli do rudnika uglja koji je prestao da radi dvadeset godina ranije. Vodič, čovek od šezdesetak godina, dočekao nas je odeven kao rudar s početka veka, sa kacigom sa svetiljkom na čelu, i pozvao nas da siđemo uzanim metalnim stepenicama.

Dok smo prolazili tunelima, Ana me je uhvatila za ruku. Sapleo sam se, i gotovo je povukao za sobom.

– Ne volim da budem ovde dole. Zašto nisam ostala u hotelu?

– Moraš da se vratiš sa ponekom fotografijom koju ćeš pokazivati. Ili ćeš celu rolnu ostaviti samo za Naumovo izlaganje?

Nasmejala se.

– Ljubomoran si? Uopšte se ne viđam s Naumom.

Skinula je aparat s vrata.

– Samo ću tebe da slikam, da se ne bi osećao zapostavljen. Nemoj da gledaš pravo u objektiv, da ti ne ispadnu crvene oči.

Udaljila se nekoliko metara i sinuo je blic. Nikada nisam video tu fotografiju.

Vodič je opisivao rad u rudniku: dugački radni dani, život u selu punom straćara, prašina u plućima. Stranci su pažljivo slušali; ja, po navici, nikad ne slušam vodiče. Provodio sam vreme pričajući s Anom sve dok nas onaj čovek nije okupio u krug, tako da nas je prinudio da ućutimo.

– Jednom je došao neki lekar da pita rudare šta sanjaju. I svi su rekli isto: sanjaju da se pretvaraju u kamen, da se stvrdnjavaju dok ne postanu deo uglja; sanjaju kako im se unutrašnji organi pretvaraju u kamen. Rudnik ih proguta, i više nikada ne iziđu iz tmine. I lekar je napisao knjigu pod naslovom *Ljudi-fosili*, i više nikada nije ništa napisao niti bilo šta istraživao. Ja sam odavno čovek-fosil. Veliki procenat umire; ali, manji procenat veoma ojača zahvaljujući uglju. Mogu ovde da ostanem danima, u tami, duže neko bilo ko drugi, i da ne poludim.

Ani se žurilo da iziđe iz rudnika. Vodič se od nas oprostio dole, rukom zaklanjajući oči kako bi izbegao sive odsjaje dana. Insistirao je da svako od nas ponese komadić uglja za uspomenu.

Vozača je zanimalo šta je vodič rekao. Kun mu je ispričao, a potom ga upitao:

– Da li je zaista bio rudar?

– Rudar? Nije. Bio je lekar. Došao je da istražuje i zauvek ostao ovde. Odavno priča da piše neku knjigu, ali niko nikad nije video nijednu stranicu.

Nekoliko minuta pre nego što smo stigli u Luku Sfinga, zaustavili smo se, pošto je neki auto sleteo s puta. Bio je to neki stari zeleni rambler, sav ulubljen i zarđao. Jedan od putnika u njemu, ogroman debeo čovek u sakou i sa kravatom, naslonio se na haubu, utučen.

– To je zbog prokletog makadama – rekao je. – Ovo je muzejski primerak, imam ga od šezdesetih godina. Nadam se da se ništa nije desilo.

Prešao je rukom preko krova, milujući ga.

Drugi, mršav čovek ošišan do glave, u jakni koja mu je bila za tri broja veća, stajao je na nekoliko metara udaljenosti, ukočen, nepomičan, zverajući oko sebe. Nije progovarao ni reč.

– Da niste vi doktor Blanes? – upitao je Kun izišavši iz kombija.

– Hulio Kun? – Debeli čovek pružio mu je ruku. – Hajde, povezite Migela s vama. Ja ću ostati pored auta dok mi ne stigne pomoć.

Kun je ubedio lekara da se popne u kombi. Onaj drugi čovek, koji je imao isto ime kao i ja, ravnodušno je pristao, kao da je naviknut da ga vozaju tamo-amo. U kombiju, Kun nas je upoznao.

Dok smo se udaljavali, doktor Blanes je pogledom pratio napuštena kola koja su progutali oblak prašine i daljina.

– Migel je prevodilac – rekao je doktor Blanes kada je njegov auto nestao sa vidika.

– A šta prevodi? – upitao sam ja.

– Sve. Apsolutno sve.

XIV

Nauma sam upoznao petnaest godina ranije, u nekoj izdavačkoj kući koja je nekada bila značajna, a u to vreme je životarila od ostataka stare slave. Nalazila se u centru, kod zgrade Suda; Naum i ja radili smo u istoj kancelariji oljuštenih zidova, kraj prozora kroz koji je ulazilo malo svetlosti.

Pisali smo članke za enciklopedije i knjige po narudžbini, o vrtlarstvu, uzgajanju nemačkog ovčara, savetima za uređenje stana ili očuvanje poleta u seksualnom životu. Uređivačka politika gospodina Mendose, našeg gazde, bila je besramna.

Na osnovu dve-tri strane knjige, prethodnice knjiga o samopomoći, sastavili bismo novu knjigu koju bismo potpisivali nekim autohtonim pseudonimom.

Kao nagradu za našu brzinu u radu i umerenost u traženju povećanja plate, gospodin Mendosa je Naumu objavio neki mali ogled, a meni knjigu priča pod naslovom *Imena noći*. Naumovih sedamdeset stranica za temu je imalo teoriju anagrama koju je Ferdinand de Sosir skicirao u poslednjim godinama života. Kasnije se Naum pokajao zbog te knjige i izbrisao je iz svoje bibliografije.

U podrumu bara koji je Naum odabrao javno sam predstavio knjigu *Sosirovi inicijali* – koju nisam razumeo. U drugom baru, bučnom i bezličnom, Naum je predstavio *Imena noći* – koja nije pročitao.

Gotovo od samog početka između nas se razvilo neko nevidljivo suparništvo, muzika koja je odjekivala u daljini i koju nije čuo niko drugi, ali smo je nas dvojica bili svesni. Draže mi je da verujem kako je on bio taj koji ga je pothranjivao; ja – manje ambiciozan, manje sposoban – rasejano sam mu odgovarao.

Preko mene je upoznao Anu. I znam da je u inostranstvu – kuda odlaze oni koji dobijaju stipendije, oni koji beže, oni koji se usuđuju da ostanu sami u nepoznatom gradu kako bi na nepoznat grad mogli da svale krivicu za gustu samoću koja ih okružuje – osvojio Anu.

Našem suparništvu bilo je potrebno to – neka žena – kako bi bilo savršeno. Romansa je trajala svega dva meseca. Nije mi bilo važno. Osećamo potrebu da mrzimo nekoga koga poznajemo, ali ne nalazimo razlog; kako godine prolaze, nađe se bilo kakav izgovor, koji uzdignemo do stepena uzroka i izvora stare mržnje, mržnje koja je oduvek postojala, od samog početka.

Ali, do tada sam već mnogo toga dugovao tom suparništvu. Naša borba bila je podsticaj da prokrčimo sebi put kroz svet. Kada sam prvi put video Anu, pomislio sam na Naumovo lice kada se budem sa njom pojavio. On se tada zabavljao s nekom studentkinjom sociologije, inteligentnom, ali nepodnošljivom i ružnom. Naumova zavist bila je za mene pravo blago.

U dvadeset i petoj godini zavist predstavlja uvežbavanje za budućnost; u četrdesetoj, ozlojeđenost, opsesiju i nesanicu. Zato smo se jedan prema drugome ophodili sa uglađenošću i pretvarali se da se nikada nismo nadmetali: šum iz daljine gotovo da se više nije čuo. Osim toga, ne znam da li sam to jasno rekao, ni na jednom polju nisam imao nikakvu šansu pred Naumom, čovekom kome je prešlo u naviku da pobeđuje, koji se dosađivao što pobeđuje.

Kada se popeo na podijum u sali Republika, među nama više nije bilo stranaca. Stanovnici Luke Sfinge bili su se navikli na pomisao da je Valnerova smrt bila nesrećni slučaj, i njihovo zanimanje za kongres bilo je iscrpljeno.

Naum je ćutke pročitao neki list hartije. Kao da je bio zaboravio da svakog trenutka treba da počne svoje izlaganje. Kun je, u nervozi, pomislio da Naum čeka da bude predstavljen, mada je od njega prethodno tražio da ne kaže ništa. Popeo se na podijum i pomalo nezgrapno izneo Naumov kurikulum. Uprkos pohvalama – koje, prema pravilima, moraju biti prekidane skromnim osmesima ili otvorenom nelagodnošću – Naum je nastavio da čita svoj list hartije, ne podigavši pogled čak ni kada je Kun završio i kada su se začuli aplauzi, a zatim prošao još jedan minut u tišini.

Na trenutak sam pomislio da se Naumovo izlaganje sastoji iz tog iščekivanja, nakašljavanja, meškoljenja u stolicama, poput koncerta, kako su mi pričali, nekog avangardnog kompozitora. Kada je završen prvi stav, Naum je počeo da govori.

Pošto je toliko puta pročitao onaj list, nezadovoljno ga je sklonio u stranu, kao da je na hatriji koju je sam ispisao pročitao uvredljivu poruku anonimnog autora. Ćutanje je – počeo je da govori – na svim jezicima isto; međutim, to je samo prividna istina. Oni koji su vekovima tragali za pravilima univerzalnog jezika smatrali su da je ćutanje kamen temeljac novog sistema, apsolutnog sistema, ali dovoljno je zaći u grad nejasnih obrisa kakav predstavlja svaki jezik, pa otkriti da svako ćutanje ima drugačiji smisao, i da je ponekad nabijeno nekim nepodnošljivim značenjem, a ponekad nije ništa. Mrtvi ne ćute na isti način kao živi.

Ubrzo je postalo očigledno da misli povezuje bez nekog utvrđenog reda; razmišljao je naglas. Ako previše pripremam ono što ću govoriti – rekao je petnaest godina ranije, kada je držao svoje prve časove na fakultetu – reči iz mene izlaze mrtve. Ono što je Naum te večeri rekao na kongresu u stvari i nije bilo izlaganje o ćutanju, nego je on sam ćutao kroz svoje izlaganje. Njegova istinska misao – tek kasnije ću to shvatiti – bila je skrivena pod ključem. Celo njegovo predavanje – taj niz zalutalih reči bez središta koje su se vraćale baš u trenutku kada bi trebalo da definišu neki pojam – bilo je duga šifrovana poruka. Naum dok piše nije nimalo ličio na Nauma dok govori. Ono što je kod jednoga bilo preciznost, kod drugoga je bio strah da se ne veže previše za neku ideju. Govornik je bio samo avet pisca.

Govorio je o Bartlbijevom ćutanju, i o onome „bilo bi mi draže da to ne uradim" koje je bilo njegov potpis. Govorio je o znakovnim jezicima gluvih, koji se ne beleže grafički nego se konstruišu u prostoru; govorio je o tehničkom jeziku nekih kineskih kaligrafa kojem nije odgovarao nikakav usmeni oblik. Govorio je o sirenama koje su Odiseja stavljale na iskušenja oružjem moćnijim od pesme. Govorio je o *Liber Motus*, traktatu iz alhemije koji je potpisao izvesni Altus i koji se sastojao od petnaest listova bez teksta; u njegovim složenim slikama bilo je šifrovano znanje arkana. Govorio je o plemenima izgubljenim u prašumama enciklopedija koja su smatrala da treba govoriti malo zato što reči troše svet. Govorio je o onima koji su zanemeli u ratu, ljudima iz različitih naroda koji su odlučili isto, kao da se radi o nekoj zaveri, da ne govore ništa, da ne priznaju da bi se ono što su doživeli moglo ispričati. Govorio je o ljudskom uhu, koje ne podnosi tišinu, i kada nema čime da se hrani, počinje da zuji samo od sebe. Govorio je o nekim šamanima koji provode godine ne govoreći, sve dok jednoga dana ne pronađu istinsku reč, koju niko ne razume. Govorio je o onima koji umiru sa svojom tajnom.

Pravi problem za prevodioca – rekao je na kraju – nije rastojanje između jezika ili svetova, nije žargon niti neodređenost, niti muzika; pravi problem je ćutanje nekog jezika – i nikada se neću zamoriti napadajući budale koje veruju da je tekst vredniji što je krhkiji i neprevodiviji, one koji veruju da su knjige predmeti od stakla – pošto sve ostalo može biti prevedeno, ali ne i način na koji delo ćuti; to se – rekao je – nikako ne može prevesti.

Naum je završio izlaganje i naglo izišao iz sale, ne sačekavši pitanja. Na stolu je ostao list koji je onako pažljivo pratio, da bi ga na kraju odbacio. Prišao sam da pročitam šta je napisao. Bio je beo, osim nekoliko tačaka od zelenog mastila koje su tvorile neko nerazumljivo sazvežđe.

XV

Iz hodnika sam čuo buku pisaće mašine. Provirio sam: sama na podijumu u sali Carstvo, Šimena je pisala sa dva prsta.

Seo sam u poslednji red. Trebalo joj je minut vremena dok me nije primetila. Progovorila je i ne gledajući me, pretvarajući se kako je celo vreme znala da sam tu.

– Kako se piše radio?

– Bez j.

– Mislićete da sam neznalica. Ali, ponekad zaboravim neku reč.

Upita me da li i ja pravim greške u pravopisu. Rekoh joj da moj problem nije u tome što zaboravljam reči, nego što ih se previše sećam.

– Rauać mi je pozajmio mašinu pod uslovom da u izveštajima ne govorim ružno o hotelu.

– Pišeš li o Naumovom izlaganju?

– Ne, to je samo deo atmosfere.

– Atmosfere?

– Klime koja vlada posle smrti. Sumnje koje ljudi izražavaju. Razgovori koje sam čula u prolazu. Ko su ona dvojica novih?

— Onaj visoki i debeli je doktor Blanes, neurolog koji radi u provincijskoj bolnici. Drugi je njegov pacijent, Migel. Blanes je bio veoma cenjen lekar dok nije stekao naviku da se na televizijskim programima pojavljuje u pratnji pacijenata. Priređivao je predstave slične hipnotizerskim, ali sa nepredvidljivim ishodima.

— A šta radi na ovom kongresu?

— Pre deset godina objavio je knjigu koja se zove *Neurologija i prevođenje*, studiju o posledicama koje moždane povrede ostavljaju na sposobnost za rad sa stranim jezicima. Pretpostavljam da ga je Kun zato pozvao.

Šimena je sve zapisivala u svoju beležnicu; zaokruživala je neke reči i izbacivala strelice ka marginama. Ispričao sam joj kako je Blanesov auto sleteo s puta, da je u pitanju zeleni rambler, i kako smo pokupili lekara i njegovog pacijenta. Ako je dobra novinarka, umeće da iskoristi te detalje. Onda se ponovo okrenula pisaćoj mašini. Dok sam se hodnikom udaljavao ka svojoj sobi, čuo sam lagano kucanje, koje je pratilo ritam damara u mojim slepoočnicama.

Izuo sam cipele i bacio se na krevet u nameri da se opustim. Moja glava bila je u vezi sa spoljašnjim pojavama, sa olujom koja se približavala, sa podmorskim kretanjima, sa surovom epidemijom koja je po obali ostavljala crknute životinje.

Navukao sam stare teniske patike da prošetam po plaži. U holu sam sreo druge prevodioce, koji su me pozvali da sednem sa njima; rekao sam im da ću radije prošetati. Ana je razgovarala s devojkom koja je prevodila vesti iz inostranstva za neki buenosajreski dnevnik. Uhvatio sam je za ruku i poveo je napolje, ne slušajući njeno protivljenje.

Vetar je duvao sa jugoistoka, hladniji nego ranije. Bilo je četiri popodne, ali se na Luku Sfinga sa neba sručila tama.

– Nećemo daleko – rekla je Ana. – Blanes govori za pola sata.

Razgledali smo izloge u radnjama: pera sa ekološkim natpisima, licidarski kolači, pepeljare sa crtežima pingvina. Hteo sam nešto da kupim Eleni, ali sam odlučio da je bolje sačekati da ostanem sam.

Prošli smo ispred gradskog muzeja. Natpis na limenoj tabli objavljivao je da je nakratko zatvoren zbog popravki. Lim, zarđao i izbledele boje pošto je mesecima stajao na vetru i kiši, visio je ukrivo okačen na bodljikavoj žici.

– Da li si negde videla Rinu?
– Ne.
– Nešto joj se dešava. Ni sa kim ne razgovara, krije se. Danas je trebalo da ima izlaganje, ali je Kun rekao da mu nije potvrdila. Šta li rade oni ljudi?

Prišli smo obali. Dvojica vatrogasaca krečom su posipali uginulu foku. Prišli smo. Jedan je bio mlad i gordo nosio svoju sjajnu uniformu; drugi, dvadeset godina stariji, delovao je prirodnije u svom zakrpljenom crvenom odelu. Trgli su se kad su nas videli, kao da smo ih zatekli u nekoj nepristojnoj radnji.

– Zašto je posipate? – upitala je Ana.

Onaj mlađi nas je ljutito pogledao.

– Da ne bi smrdela. Posle ćemo je odneti izvan mesta i zakopati je.

– Prvo mora da proradi kreč, da nam ne bi usmrdela kamion – rekao je stariji.

– Da li je uobičajeno da se foke pojavljuju na obali?

– Svakih pet-šest godina ima neka epidemija – rekao je stariji. – Bila je jedna pre dvadeset i dve godine, ta je bila najgora. Trajala je tri nedelje i završila se uginulim kitom. Bio je to ogroman kit, a ne kao ovi što se viđaju ovde. Ljudi su silazili da ga slikaju. Vilica mu visi na tavanici gradskog muzeja.

Foka u belom izgledala je kao znak na pesku, graničnik neke nevidljive oblasti.

– Ostale su nam još dve – rekao je mlađi.

Vatrogasci su ubacili vreću sa krečom u neku šklopociju i udaljili se ka jugu.

– Ko je ono tamo? – upitao sam. Neki čovek u zelenoj vetrovci brzo nam se približavao.

– Nisam ponela naočare. Na deset metara počinje nepoznato – rekla je Ana.

Ali, nije išao za nama. Prošao je ne obrativši nam se i ne pogledavši nas.

– Zar nije to neki sa kongresa?

– Sunjiga – rekla je Ana. – Prevodi francuske romane za španske izdavače.

– Kud li tako žuri? Od koga li beži?

Bez reči, odlučili smo da pođemo za njim. Shvatili smo da ni od koga ne beži: jurio je za drugim čovekom koji je sada, pedeset metara ispred nas, prilazio svetioniku.

Ubrzali smo korak, vetar nam je duvao u lice. Na trenutke smo do gležnjeva upadali u naslage algi. Vlaga je probijala platno na mojim patikama i hladnoća mi se širila kroz celo telo. U podnožju svetionika, Sunjiga je stigao Nauma.

Viknuo je, ne bi li se onaj drugi okrenuo. Svaki od njih toliko je bio zaokupljen onim drugim, da nas uopšte nisu primetili. Niko osim njih nije postojao na svetu.

Sunjiga je izgovorio neke reči na jeziku koji ja nikada ranije nisam čuo, ali je po fonetici bio u dalekom srodstvu s izgovorom atičkog grčkog. Naum je besno prišao, kao da ga je onaj drugi uvredio, pa sad treba da ga udari. Pokrio mu je usta rukom.

– Želite da nastavite i pored svega što se desilo?

Vetar je do nas donosio njihove glasove obavijene smradom algi.

– Očekivao sam neki odgovor! – povikao je Sunjiga, više u očajanju nego u besu. Zatim je nastavio preklinjućim glasom: – Očekivao sam da ćete mi reći kako da iziđem...

– Ćutite!

– Ne mogu a da ne razmišljam. To nije ono što ste obećali.

– Ništa ja nisam obećao – rekao je Naum, snažno ga odgurnuvši, kao da prema tom čoveku oseća ne samo bes nego i gađenje. Sunjiga je ustuknuo jedan korak. Umalo se nije sapleo o neravninu na popločanom prilazu i pao.

– Ne prilazite mi. Ne obraćajte mi se. Niko ne sme da vas vidi sa mnom.

Divovskim koracima, Naum se udaljio ka hotelu. Sunjiga je ostao tako utučen da sam mu prišao i upitao ga da li je dobro. U početku me nije čuo. Zatim me je začuđeno pogledao i odgovorio da je dobro, da je savršeno dobro.

– Neću više da se šetam – rekla je Ana. – Hajde da se vratimo u hotel.

Koračali smo ćutke. Neko vreme odlazili smo u bioskop dva-tri puta nedeljno. Po izlasku ne bismo progovorili ni reč; satima kasnije, kada bi film već počeo da bledi, razgovarali bismo o njemu. Razgovarati je imalo smisla samo posle dugog ćutanja.

Sunjiga je ostao da stoji na istom mestu gde ga je Naum ostavio; licem okrenut prema vetru, pričao je sam sa sobom, mrmljao molbe, a vetar mu je odgovarao.

TREĆI DEO

Arlevein

Ko zagazi na teren jezika,
može reći da su ga napustile
sve analogije neba i zemlje.

Ferdinan de Sosir

XVI

– Zašto me ogovarate iza leđa? Mislite li da su moja predavanja vašarsko pozorište zato što dovodim pacijente? Lako je govoriti o odsutnima, opisivati uspešna lečenja bolesnika zatvorenih na hiljade kilometara daleko. Devedeset procenata kliničkih istorija koje znam jesu naučna fantastika. Psihijatrijska fantastika.

Naum je pogledao Blanesa ne odgovorivši mu; ne kao da traži pravi odgovor, nego kao da mu je teško da se priseti ko je onaj drugi. Zatim je, tihim glasom, rekao:

– Pročitao sam vaše prve radove, doktore. *Neurologija i prevođenje* je knjiga puna smelih ideja; bili ste sažeti, ali nadahnuti. Od toga vremena sačuvali ste samo smelost; gde vam se izgubilo nadahnuće? Teoriju ste zamenili spektaklom.

– Zašto medicina ne bi mogla da bude spektakl, ako je taj spektakl dostojanstven?

– U nauci, pojam spektakla predstavlja suprotnost pojmu dostojanstva.

– U medicini je oduvek bilo nečega pozorišnog. Setite se samo javnih autopsija koje su izvođene u anatomskim amfiteatrima pred publikom koja je plaćala ulaznice. Setite se Šarkoovih histeričnih žena. Danas jedina javna prikazivanja lečenja ostavljamo vidarima i nadrilekarima. Medicina se pretvorila u skrivenu i anonimnu delatnost. Prikazujemo mašine umesto znanja. Ali, zašto ja, kao lekar, moram da trpim kritike običnog... – zastao je da izabere uvredu – ...lingviste?

– Hajdemo u salu, doktore Blanes – prekinuo ih je Kun. – Vreme je za izlaganje.

Prevodioci su počeli da ulaze u salu Vladalac, u koju do tada nismo kročili. Naum me je zadržao.

– Učestvovao sam u previše kongresa u životu. Ispunio sam već svoju kvotu komedijaša. Hajde da popijemo kafu i da popričamo o starim vremenima, da govorimo laži umesto da ih slušamo.

Međutim, ja sam radije ostao da čujem Blanesovo izlaganje.

Migel se skanjerao da se popne na podijum, pa ga je lekar dovukao za ruku. Predstavljajući ga, Kun je to činio sa taktom: pomenuo je njegove prve knjige, s pravom rekao da je Blanes bio jedan od prvih u zemlji koji je proučavao odnos između oštećenja mozga i sposobnosti prevođenja, i prešao preko poslednjih skandala, među kojima je bilo i isključenje iz Neurološkog društva. Migel je zurio u sto, u čašu s vodom, u svako od lica, u hrastove daske u podu, s pažnjom s kojom učenjak posmatra težak tekst.

– Video sam svakojake uništene umove – počeo je Blanes. – Video sam ljude koji su izgubili moć pamćenja, čulo mirisa, opažanje svog tela, graničnu liniju između sna i jave. U jednoj bolnici u Mar del Plati lečio sam čoveka koji je govorio da čuje glas svoje pokojne supruge. Pregledao sam njegovo uho koje se ponašalo kao da taj glas postoji. Video sam momka od osamnaest godina koji je pokušavao da hoda po zidu, zato što je mislio da je to pod. Neka stara profesorka, u azilu u predgrađu Montevidea, čula je jedan zvuk kad god bi videla crvenu boju, a drugi kada bi videla zelenu. Neki italijanski mornar od devedeset godina nije hteo da gleda opalo lišće, pošto je u svakom od listova otkrivao lice nekog mrtvog druga. Viđao sam neverovatne slučajeve, ali nijedan se ne može meriti sa Migelom.

Pacijent je posmatrao svako lice, svaku crtu na svakom licu. Sricao je, delio na slogove i lica, i ruke, i tela prisutnih.

Migel je, objasnio je Blanes, bio građevinski radnik. Za vreme nekih demonstracija pre sedam godina, metak ga je pogodio u glavu i izazvao mu povrede u levoj hemisferi. Dva meseca je bio u komi. Probudio se s totalnom afazijom, koja se tokom sledećih meseci povlačila. Polaskan ovim opisom, Migel je klimao glavom na svaku Blanesovu reč; bio je naviknut na to da klinička istorija bude njegova jedina moguća biografija.

– U početku Migel nije mogao da prepozna svoj maternji jezik; ali, oporavak ga je odveo dalje od njegovih prvobitnih sposobnosti; počeo je da prevodi sa stranih jezika koje nikada nije učio. Naravno, ti prevodi bili su imaginarni, ali je on bio prinuđen da ih pravi. Nije kadar da kaže „ne razumem". Migel u svemu pronalazi smisao, ne dopušta da bilo koje značenje ostane zamagljeno. Nema nijedne reči na svetu koja Migelu zvuči kao strana.

Migel, univerzalni prevodilac, polako je klimnuo glavom, potvrđujući lekarove reči.

– Pre dve godine – nastavio je Blanes – objavljena je rasprava o besmislu; autor je ispričao neku srednjovekovnu legendu. Neki engleski putnik išao je obalom kada je na plaži, umotanog u alge, našao živog davljenika. Davljenik je sa glave strgnuo krunu od korala, razmaknuo alge sa očiju i rekao mu: „Ja sam Posejdonov zatočenik. Plovio sam svojim brodom, *Arleveinom*, i neki vrtlog me je progutao zajedno s mojim drugovima. Posejdon je pristao da me vrati u život ako saznam šta znači reč Arlevein." „A vi ne znate šta znači?" upitao je putnik. „Ne", odgovorio je davljenik; „na brod smo se ukrcali po zapovesti moga kralja, da rasvetlimo zagonetku; zato se moj brod tako i zvao. Ako mi ne kažeš šta znači", rekao je davljenik putniku, „povući ću te sa sobom na dno mora." Putnik nikada nije čuo tu reč, nego je morao da improvizuje odgovor kako bi sačuvao živu glavu. Tu sam prestao sa čitanjem i upitao Migela šta znači ta reč. I odgovor se poklopio sa odgovorom iz knjige.

– A šta je bio odgovor? – upitao je Kun.

– Putnik je rekao da *Arlevein* znači beskonačno traganje za značenjem jedne reči. Ne znamo da li je to istina, ali taj odgovor ga je u onoj bajci spasao. Ali, sada neka govori Migel.

Migel je ispravio leđa i pogledao ispred sebe kako bi odgovorio. Publika je bila sumnjičava, ali još niko nije imao vremena da počne da se dosađuje, a predavač kakav je Blanes znao je da nedostatak vere nije ništa u poređenju sa dosadom.

– Molim vas da na papiru napišete neku rečenicu na bilo kojem jeziku i da mi je date – rekao je Blanes. – Ja ću je pročitati.

Na nekoliko trenutaka zavladala je nelagodnost. Kun je, kako bi prekinuo tajac, naškrabao neku rečenicu na četvrtastom listu hartije. Blanes je pročitao:

Nel mezzo di camin di nostra vita
Mi ritrovai per una selva scura
Che la dritta via era smarrita.[1]

Nije bilo iznenađenja, nije bilo potrebe da čovek govori italijanski kako bi razumeo koji su to stihovi. Migel je preveo približno, izmislivši neko značenje, ne znam koje, za ono *smarrita*. Blanes je shvatio da je napetost splasnula. Zatražio je rečenice na francuskom, nemačkom, japanskom... Odmah je stigao još jedan papir:

Objects in mirror are closer than they appear.[2]

Migel je bez oklevanja preveo:
– Kada ih gledamo, predmeti se zatvaraju u svoj izgled.

Vaskes je glumatajući izdeklamovao neku Bodlerovu pesmu, mislim da je to bila „Orijašica"; Blanes je zatražio tekst napismeno. Migel je svaki stih

---
[1] Na pola našeg životnog puta / u mračnoj mi se šumi noga stvori, / jer s ravne staze skrenuvši, zaluta. – Dante, *Pakao*, Pevanje I. Preveo Mihovil Kombol. (*Prim. prev.*)
[2] Predmeti u ogledalu bliži su nego što izgledaju (engl.). (*Prim. prev.*)

zamenio stihom koji bi sam izmislio; povremeno bi pogodio tačnu reč, ali taj pogodak bio je manje zanimljiv od paralelnog verbalnog univerzuma koji je sastavljao od stranih jezika. Njegovo odbijanje da ne razume ostavljalo je gorak ukus, ukus na besmisao, pošto je razumeti sve isto što i ne razumeti ništa. Ne želeći sebi da dozvoli prazninu, Migel je dopuštao da ga proguta neka vrsta vrhunske ravnodušnosti; nikada neće moći ništa da razume dok ne bude naučio da ne shvata.

Deset minuta se publika oduševljavala tom igrom, ali su se potom javili prvi znaci dosade: žamor, zevanje, izlaženje.

– Niko više neće nikakav prevod od Migela? Još nismo čuli nijednu rečenicu na nemačkom, flamanskom, katalonskom...

Ćutke, s nelagodnošću, očekivali smo da Blanes protumači naš muk kao znak da treba da završi svoju predstavu i da počne sa izlaganjem: videli smo činjenice, bilo je vreme za zaključke. Neko je ustao, u dnu sale. Nisam se osvrnuo, ali sam čuo dugu nerazumljivu rečenicu.

– Morate da je zapišete – rekao je Blanes.

Sunjiga je ponovio rečenicu.

– To ne znači ništa, ali Migel ipak može da prevede. Šta je ovaj gospodin rekao?

Migel je odmahivao glavom. U njegovim očima ogledao se užas, i nije želeo da gleda ni u šta. Migel je razumeo, ali ovoga puta nije hteo da prevede.

– Šta se dešava? Šta ste to kazali?

Migel je počeo snažno da udara nogama u pod, ali ne na neki potpuno iracionalan način, nego sa metodom, kao da proračunata plahovitost njegovih udaraca prenosi poruku na neko daleko mesto. Bradu je spustio na grudi, pogled upro u zemlju, rukama zapušio uši. Blanes je pokušavao da ga natera da promeni taj položaj, ali pacijent se bio zatvorio u sebe.

– Izlaganje je završeno – rekao je Kun.

Potražio sam Sunjigu među onima koji su žurno izlazili, ali je on već bio otišao. Poput putnika iz legende, čuo sam davljenika kako izgovara nepoznatu reč, ali nisam mogao da pogodim njeno značenje.

XVII

Dizalica je ostavila zeleni rambler pred ulazom u hotel. Blanes je potpisao papire da bi primio auto, i naslonio se na haubu.

– Jesu li ga našli? – upitao je Kuna.

– Nije u hotelu.

– Ne mogu da odem bez njega. Izveo sam ga na svoju odgovornost. Ko je onaj čovek, taj koji je postavio pitanje? Zašto ga je namerno uznemirio? Mora biti da ga je Naum poslao.

Migel je nestao po izlasku sa konferencije, u jeku krize. Blanes je ostao da odgovori na neka pitanja. Čim je primetio da ga nema, počeo je da izdaje uputstva svakome na koga bi naišao o tome kako ga treba tražiti; upravljao je potragom ne mičući se s mesta.

– Možda je negde gore – rekao sam ja. – Ima mnogo praznih soba.

Jedna grupa tražila je Migela po plaži, druga u okolini hotela.

Ostavio sam Kuna na drugom spratu. Na trećem sam se sreo sa Vaskesom i zamolio ga da mi pomogne.

– Daju li neku nagradu, kao u potrazi za izgubljenim blagom? – upitao me je.
– Ne, ali ako ga ne nađemo, Blanes će ostati da održi još jedno izlaganje.
– To je dobar podstrek.
Vrata na četvrtom spratu su većinom bila zaključana. U jednom delu još nije bilo brava; provirio sam tamo, dok se Vaskes peo na peti. Ulazio sam u neokrečene sobe; u nekima nije bilo pločica na podu ili elemenata u kupatilu. Malo kasnije, začuo sam Vaskesov uzvik:
– Našao sam ga!
Potrčao sam niz prazan hodnik i u skokovima se popeo uz stepenice. Stigao sam do sobe koja je služila kao ostava i gde su bile nagomilane konzerve sa gotovim jelima, najlonske kese sa peškirima, kartonske kutije sa hranom. Vaskes je pao u jednom uglu i udario glavom o kosilicu za travu. Pomogao sam mu da ustane. Nasred sobe gorelo je četiri sveće.
– Odgurnuo me je i izleteo. Mislim da je otišao na terasu.
Popeli smo se betonskim stepenicama i stigli do neke ogromne terase. Migel je bio tu, stojeći na ivici, gledajući napolje. Na terasi nije bilo nikakve ograde.
– Javi Blanesu. Ja ću ostati da pazim na njega.
Migel je držao upaljenu sveću. Vosak mu se slivao niz prste, ali on to kao da nije primećivao. Polako je pomerao ruku, dajući znake koji nisu bili namenjeni nikome.
– Migele – rekao sam mu. – Odmaknite se od ivice.

Nije me čuo. Nije okrenuo glavu. Nastavio je da posmatra neku tačku u daljini: svetionik, alge, ili more.

Još malo sam mu se primakao, ne usuđujući se da mu priđem. Blanes nikako nije stizao; konačno je došao, teško dišući. Morao je da sačeka nekoliko minuta dok nije uspeo da progovori.

– Migele – povikao je i uzalud čekao na odgovor. Polako je prišao svom pacijentu. Tek kada mu je spustio ruku na rame, onaj drugi je primetio da je on tu. Blanes ga je uhvatio za ruku i odmakao od ivice. Migel je poslušno pristao na to.

– Zašto si pobegao? Kud si krenuo? – upitao ga je.

Migel nije odgovarao.

Večernja svetlost je gasnula. Blanes mu je uzeo sveću iz ruke i osvetlio mu glavu. Ne rekavši ništa, pokazao nam je Migelove uši, prelivene rastopljenim voskom, pocrvenele od opekotina. Začepio je sebi uši.

XVIII

Migel je ušao u auto. Seo je na mesto suvozača i upalio radio. Nijedna stanica mu se nije dopala, pa je pomerao skalu s jedne na drugu stranu, hvatajući zbrkane daleke stanice.

– Hoću da mi taj čovek da neko objašnjenje – rekao je Blanes.

Agresivno je prišao Kunu, koji nije uzmakao. Mada je imao naviku da se unosi u lice kada s nekim razgovara, ovoga puta Kun je iskoristio razliku u visini kako bi odoleo pretnji. Uspravio se i gledao pred sebe.

– Tražili smo ga. Nismo mogli da ga nađemo – rekao je. – Ubeđen sam da Sunjiga nije imao nameru da naškodi vašem pacijentu...

– Nemojte pogrešno da me shvatite. Prošao me je bes. Važno je to što on zna tajnu.

– Ne zna Sunjiga nikakvu tajnu. To je malo čudan čovek, otkako je stigao stalno je sam i ni sa kim ne razgovara.

– Na mojim predavanjima uvek ima nekoga ko traži da mu se prevedu besmislene reči, ali ovoga puta se desilo nešto drugo. Ispitujem tog čoveka već godinama, a odjednom shvatam da neko drugi zna tajnu kojoj se ja nisam ni približio. Ko je taj Sunjiga? I on je lingvista, poput vas?

– Prevodilac je. Ima diplomu inženjera, ali se time nikada nije bavio. Celog života živi sa majkom u Buenos Ajresu, i od nje se odvaja samo kad mora da putuje u Barselonu, jednom ili dvaput godišnje. Prevodi s francuskog za španske izdavače, pre svega eseje. Ne poznajem ga naročito dobro; sreo sam ga svega nekoliko puta ranije.

– A taj jezik na kojem je govorio? Zna li još neko o čemu se radi?

– Čim smo stigli, zatvorio se na neki okrugli sto s Valnerom i još jednom prevoditeljkom, da razgovaraju o veštačkim jezicima. Možda je to neki od tih jezika. Verovatno jezik anđela Džona Dija. To je bila tema Valnerovog izlaganja. Vaš pacijent ima ogromnu prevodilačku imaginaciju, ko zna kakav užasan smisao je dao onim rečima koje u stvari ne znače ništa.

Blanes je pogledao Migela, koji se i dalje igrao radiom, pojačavajući i stišavajući ton.

– Ostao bih da ga tražim, ali moram ovog čoveka da odvedem da mu zaleče uši.

– Da li je imao još neki takav napad samouništenja? – upitao sam ja.

– Ovo nije bio napad samouništenja, gospodine De Blast. Učinio je to da bi se zaštitio.

Blanes je tražio po džepovima dok nije našao zgužvani papir koji je pružio Kunu.

– Dajte moju posetnicu Sunjigi, neka mi se javi. Moramo da razgovaramo.

Blanes je ušao u auto i zalupio vrata.

– Pre nego što odem, napraviću krug po mestu, možda ću ga slučajno sresti.

– Srećno – rekao je Kun mahnuvši. Zeleni rambler krenuo je ka obali. – Nadam se da vas više neću videti.

Seli smo na stepenice pred hotelom.

– Ovaj čovek je luđi od svog pacijenta. Misli da neki jezik može da prenese smisao iako čovek ne zna značenje njegovih reči.

– Rekao si mu da je to jezik Džona Dija. Stvarno u to veruješ?

– Ne. Zvuči potpuno drugačije. Jesi li ikada čuo nešto slično?

Setio sam se kako je Sunjiga sipao reči na Nauma. Setio sam se kako ga je Naum ostavio samog i preplašenog.

– Nikada – odgovorio sam.

XIX

U *Gorgoninoj glavi* Kabliz koristi mit kako bi opisao glavobolju. Hiljadu bolnih tačaka na lobanji, koje šibaju poput zmija; oko sveta u kojem se stvari okamenjuju. I odvratnost prema ogledalima i potajna želja da se bude obezglavljen.

Potrošio sam aspirine; izišao sam da ih kupim pre nego što se sruči oluja.

U holu sam sreo Vaskesa. U ruci je držao čašu viskija.

– Napravili smo okrugli sto o prevođenju detektivskog romana. Hoćete li da dođete?

Vaskes je manje voleo da razgovara, a više da ga slušaju, bila mu je potrebna publika za njegove anegdote.

– Moram da iziđem.

– Rapravljamo o tome da li njujorškim gangsterima treba stavljati u usta reči iz buenosajreskog žargona.

Obećao sam da ću doći, tonom kojim mirno možemo lagati pošto podrazumevamo da niko neće poverovati u ono što kažemo.

Išao sam brzim korakom do mesta. Navikao sam da hodam veoma brzo, ali uvek zaostajem jer ne mogu da odolim da ne pogledam izloge, iako me izložene stvari ne zanimaju. U izlozima u Luci Sfinga stajali su ili plakati sa natpisom PRODAJE SE ili IZDAJE SE, ili vesla sa slikama vrsta koje izumiru i rukom pleteni džemperi. Ušao sam u jednu od tih radnji da svojoj ženi kupim srebrni privezak. Prodavačica mi je pokazivala životinjske likove, a ja sam izabrao neki tako apstraktan da je ličio na slovo: kitov rep.

Kada sam izišao, u daljini sam ugledao zeleni krst na apoteci. Neki čovek je izišao brzim korakom i izgubio se iza ugla. Učinilo mi se da je to Sunjiga.

Hteo sam da kupim tablu aspirina, ali su ih prodavali samo na kutije. Uzeo sam jednu od pedeset komada i zatražio nešto jače protiv bolova.

– Čini mi se da poznajem čoveka koji je upravo izišao – rekao sam starom apotekaru.

– Čudan tip. Hteo je da mi plati novčićem od nikla.

– Nekim starim?

– Vrlo starim. Hteo je da ga se oslobodi, uporno je hteo da mi ga da, iako mi je već bio platio.

– Pretpostavljam da je kupio svoje lekove za pritisak.

Apotekar je malo oklevao pre nego što je otkrio šta je onaj kupio: Sunjiga je uzeo kutiju sedativa.

Kada sam stigao do ugla, začuo sam svoje ime. Zaslepio me je neki bljesak.

Ana je držala u rukama svoj džepni fotografski aparat. Pored nje je bio Naum, odeven u crnu kožnu jaknu i blistave čizme.

– Stanite jedan pored drugog – rekla je Ana.

Poslušao sam je, žaleći što će kontrast između kožne jakne i mog šuškavca ostati ovekovečen.

– Zašto je Sunjiga jurio za tobom, Naume? Šta je hteo? – upitao sam ga dok smo se osmehivali u objektiv, svaki prebacivši ruku preko ramena onome drugom.

– Upravo sam o tome razgovarao s Anom. Sunjiga mi je pisao nekoliko puta tražeći obaveštenja, ne sećam se više da li o kabali ili čemu već. Odgovaram na trideset pisama dnevno. Svi na svetu misle da su mi prijatelji, i vređaju se ako im ne posvetim punu pažnju.

– Hajdemo do svetionika pre nego što počne bura – rekla je Ana.

Krenuli smo duž obale do svetionika. Unaokolo je bila postavljena bodljikava žica koja je nekada sprečavala ulazak, ali je sada bila oborena. Vrata su bila zaključana zarđalim katancem. Ana je razočarano uzdahnula. Naum je proverio hoće li katanac popustiti; njegove šake u rukavicama cimale su katanac dok se nije otvorio.

U svetioniku je bilo mračno i osećala se memla. Na podu je stajala zarđala grejalica i zavežljaj platna i konopaca koji su počeli da trule. U kupatilu je bila pukla neka cev i poplavila celo prizemlje.

– To je sve što ćeš nam reći o Sunjigi? – upitao sam.

– Nema ničega više. Pitaj njega.

– Oduvek si voleo da budeš tajanstven.
– Šta je čovek bez tajni?

Pošli smo uz stepenice oslanjajući se rukama na zid prekriven šalitrom. Vrh je bio osvetljen poslednjim odsjajima dana.

– Dok sam dolazio ovamo, kod vozača sam se raspitivao o svetioniku – rekao je Naum. – Rekao mi je da je ugašen poslednjih trideset godina. Donedavno su ga palili samo za Novu godinu, a sada čak ni to. Ali, ranije je tu živeo neki starac, koji je stalno odbijao da ga napusti. Deset godina je ostao tu, gotovo uvek gore. Hranu su mu podizali u metalnoj kofi.

Sada kada su nam se oči privikle na tamu uspeo sam da zapazim, u visini, čekrk sa kojeg je visila ulubljena kofa. Konopac se spuštao do zemlje. Nevidljiva ptica proletela je kroz mračnu kupolu, uplašena našim prisustvom. Samo povremeno bih uspeo da nazrem senku; ostalo je bilo lepet njenih krila.

– Starac je čekao da stigne neki brod, Sfinga. Govorio je, dok brod ne stigne, neće izići iz svetionika. Ali, Sfinga je stigla sto godina ranije, u potonula je u blizini obale. Preživeli su osnovali selo.

Naum se zadihao. Nije lako penjati se uza stepenice i pričati priču u isti mah. Toliko sam se obradovao njegovom dahtanju da sam blagoslovio ono stepenište: kamo sreće da se nikada ne završi.

– Jednoga dana starac je popalio sva svetla, kao što je i obećao da će učiniti kada brod stigne. Ljudi su gledali na more: nikakvog broda nije bilo. Pozvali su starca, ali im nije odgovorio. Bio je mrtav. Od tada je svetionik ugašen i prazan. Vozač mi je rekao da je lično video kako svetionik noću daje znake, a zatim se odmah ugasi.

Stigli smo do vrha. Osetio sam hladnoću u kostima. Ćutke smo posmatrali mračno more.

– Voleo bih da verujem u aveti – rekao je Naum. – Ne u aveti spiritista, koje gase svetiljke i nogama lupaju po podu i govore iz čašice, nego u one druge, koje predstavljaju trag istorije koju ne žele da okončaju.

Pogledao sam naniže. Zamislio sam skok, pad na stenje raširenih ruku i otvorenih očiju. Naum je pričao o tuđim avetima, o starcu u svetioniku koji nije imao nikakve veze s nama; ja sam radije na sastanak pozvao jednu poznatu avet.

– Naume. Zašto se Valner ubio?

– Otkud ja znam?

– Ne verujem ti da ne znaš, kao što kažeš. Kun mi reče da je neko insistirao da on bude pozvan. Danas sam ga ponovo pitao. Priznao mi je da si to bio ti.

Srdito me je pogledao.

– Dopisivali smo se. Ponekad smo se i sretali. Starac mi je bio simpatičan, ali ga mesecima nisam viđao, čak nisam ni bio tu kada je poginuo.

Na vidiku se ocrtala mreža zraka koji su osvetlili Anino lice. Ja nisam želeo da je vidim, želeo sam da sve ostane u tami, želeo sam da pobegnem odatle.

Vrata na svetioniku su zaškripala.

– Neko je dole – rekao je Naum.

Nagnuo sam se nad apsolutnu tamu. Ana je rekla da joj je hladno; Naum joj je dao svoje rukavice. Bile su to crne kožne rukavice koje su sačuvale oblik šaka sa kojih su upravo skinute; Ana je zavuka svoje u praznu modlu, u toplinu Naumovih ruku.

Pošli smo niza stepenice dok nas je onaj drugi, neznanac, posmatrao odozdo, jednako nevidljiv kao i ptica koja je ostala zatvorena u građevini i sada odustala od bežanja, ili je pronašla neki izlaz. Naum mu se glasno obratio. Niko nije odgovorio.

– Nema nikoga – rekla je Ana. – Nemoguće je da ima nekoga.

– Mora biti da je to tvoja avet, Naume.

– Ko?

– Sunjiga, koji te svuda prati.

Nisam mogao jasno da vidim Naumovo lice, ali kada me je uhvatio pod ruku pozivajući me da siđem, primetio sam da njegova ruka drhti.

Nekoliko trenutaka kasnije konopac na kojem je visila kofa se zaljuljao.

– Neko dete hoće da nas uplaši – rekao sam.

Konopac se razvezao. Čuo sam fijuk čekrka, a zatim i tresak kofe o pod.

XX

Čim smo zatvorili vrata na svetioniku, nalet ledenog vetra najavio je buru. Potrčali smo ka hotelu. More je udaralo o bedeme od algi, preteći da ih poruši. Hotel je bio samo svetlost u daljini: predmeti na kiši bliži su nego što nam se čini.

Za dugim trpezarijskim stolom neke stolice su zauzimali prevodioci koji su jeli hleb i puter i dosađivali se.

– Čini mi se da vaš šuškavac nije nepromočiv – rekao je Vaskes dok je slagao pasijans za posebnim stolom.

Ostavio sam mantil u blizini peći i popeo se da presvučem vlažnu odeću. Na inicijativu svoje žene poneo sam još jedne pantalone. U ograničenom svetu mojih predviđanja, kiša je bila jednako malo verovatna kao i pomračenje sunca.

Seo sam pored Vaskesa.

– Kako se završio razgovor?

– Zaključkom da treba prevoditi samo romane sa gluvonemim revolverašima, kako bi se izbegao problem kolokvijalnih izraza. Bili ste u pravu što niste došli, mnogo sam se dosađivao.

– A ja sam mislio da ćete vi govoriti sve vreme.
– I jesam govorio sve vreme, ali sam se ipak dosađivao.
Zagledao sam se u karte. Hteo sam nešto da mu predložim, ali me je Vaskes prekinuo.
– Da vam nije na pamet palo da mi bilo šta kažete, ne podnosim da mi se neko meša dok slažem pasijans. To je pravi porok.
– Nemojte mi reći da vam je jedini.
Nije mogao da nastavi. Pomešao je karte i pružio mi špil.
– Igrate?
– Karte su mi dosadne.
– Pasijans nije igra kartama. To je mozgalica. Delovi u neredu koje treba postaviti na odgovarajuće mesto.
– Šta mislite, zašto se Blanesov pacijent onoliko uplašio?
– Da je to neka scena iz detektivskog romana, rekao bih vam da je pronašao smisao nečega što ni za koga drugog nije imalo smisla.
– Ali, čemu zamišljati da te reči imaju neki strašan smisao, a ne nekakav drugačiji? Sunjiga i on se nisu poznavali: zašto bi ga se plašio?
– Možda užasni smisao nije bio u rečima, nego u prizoru. Zamislite da vam ja kažem kako se ovde nalazi ubica koji baci kartu pred noge osobe koju će ubiti. Zatim vam neko priđe i ispusti neku kartu. To može biti bilo koja karta – izvukao je asa herc. – Ako neko posmatra taj prizor, i vidi da ste se prestravili, upitaće se šta je toliko strašno u asu herc?

Međutim, vaš strah je izazvala prethodna priča, a ne sama karta.

– Niste me ubedili – rekao sam ja.

– Tajne su tu zato da bi nam dale temu za razgovor, a ne zato da bismo ih rešavali. Ako čovek ume da se zabavi dok mu ne donesu ručak, i posle uspe da preživi priče za stolom, život mu je pesma.

Svi su već bili posedali za sto. Mi smo se smestili na preostale stolice. Pola sata kasnije već smo bili pojeli pitu s mesom i čekali pečenu jagnjetinu. Ana je sedela pored mene. Bila je presvukla vlažni džemper i odenula neki nebeskoplave boje. Osušila je kosu i uvezala je žutom trakom.

– Kako je srećan ovaj trenutak, čas pre nego što počnemo da jedemo – rekao mi je Vaskes. – Potom dolazi zasićenost, teškoće u varenju i kajanje.

Sa onom klasičnom ravnodušnošću kakvu neke žene pokazuju prema jelu, Ana je ustala od stola dok su služili jagnjetinu. Upitao sam je kuda će.

– Idem da vidim šta je sa Rinom.

Pozvala ju je telefonom sa recepcije. Nekoliko trenutaka kasnije spustila je slušalicu i zamolila portira da pozove Rauaća. Jedino sam ja obraćao pažnju na Anine postupke; ostali su postajali sve glasniji kako su se boce praznile. Često se na večerama kojima prisustvuje mnogo osoba podigne bedem od razgovora i pogleda koji odvoji njihov sto od sveta, sve dok se na kraju čovek ne osvrne oko sebe i otkrije da je sala koja je nekoliko časova ranije bila prepuna, sada prazna, i da su stolice podignute na stolove.

Upravnik je oklevao nekoliko trenutaka, hteo da odbije, i na kraju uzeo svežanj ključeva. Ana i Rauać su nestali u liftu.

Prošlo je nekoliko minuta. Upravo su mi bili poslužili jagnjetinu. Ogladneo sam od šetnje po kiši. Tužno sam je pogledao: tako je sočna, pomislio sam, tako primamljiva, a ja je neću ni okusiti.

Popeo sam se stepenicama. Prvi sprat je bio pust; na drugom sam našao Anu, koja je izgubljeno išla hodnikom. Obema rukama je stiskala usta i stomak.

Rauać, upravnik hotela, zatvorio je vrata sobe. Izvukao je maramicu iz džepa i uglancao zlatne brojeve, tri-jedan-šest. Trgao se tek kada sam mu dodirnuo rame. Nije rekao ništa, ali se pribrao.

– Idem da pozovem komesara.

Kun je bio dobar domaćin; sačekao je da gotovo svi dovrše večeru kako bi objavio: Rina Agri je mrtva. Posle duboke tišine, svi su uglas počeli da zapitkuju. Kun je odgovarao; dok je davao odgovore, sve je više gubio snagu, kao i ostali; pitanje po pitanje, tema je polako bila iscrpljena, kao i snage prisutnih. Bila je to igra pitanja i odgovora u kojoj pitanja nisu imala smisla, a odgovori nisu postojali. Ubrzo su svi zaćutali, gledajući u prazne tanjire koji su se presijavali od masti, odjednom se pretvorivši u gnusne predmete.

Gimar je pristigao kao nov lik ubačen u komediju kako bi u četvrtom činu radnja na izdisaju dobila na živosti. Spustio je svoj nepromočivi mantil preko neke stolice. Prekorno se osvrnuo svuda oko sebe; nije bilo nikoga ko nije osetio izvesnu krivicu što za-

dajemo toliko muka tom mirnom mestu i njegovom mirnom komesaru.
– Gde je ? – upitao je.
– U sobi 316. Poći ću sa vama – rekao je Rauać.
Rauać i Gimar su nestali na stepenicama. Kun je pošao za njima.
Nekih desetak minuta, mi prevodioci razgovarali smo o Rini Agri. Još smo govorili u sadašnjem vremenu, kao da još nije bila potpuno mrtva, kao da sprema kofere, kao da bi osuditi je na prošlost značilo nedostatak takta. Na kraju krajeva, za stolom je bilo dva tanjira viška, koje niko nije ni dirnuo. Čekali smo komesarovu potvrdu; vest o tome da je konačno isključena. Poslužitelj je preduhitrio tu presudu; kada je pokupio upotrebljene tanjire, odneo je i ona dva, i sto ostavio prazan.

XXI

Gimar je sišao niz stepenice polako, ne gledajući nas, kao da ne primećuje da je u centru pažnje.

– Recite mi, Kune, prema kakvom kriterijumu ste birali ove ljude? Da li je ovo kongres manično depresivnih?

– I ona se ubila?

– Ovoga puta nema sumnje – pogledao je učesnike, od kojih su neki posedali u fotelje, drugi ostali za dugačkim stolom. – Da li je neko danas razgovarao sa njom?

Niko s njom nije progovorio ni reč.

– Da li je Italijanka poznavala onoga drugog koji je umro? Da li je moguće da su napravili pakt samoubica?

Ana je, crvenih očiju, odgovorila:

– Nisu bili ljubavnici, ako to pitate. Jedva su se poznavali.

Gimar nam je okrenuo leđa kako bi porazgovarao sa Rauaćom. Prišao sam mu.

– Ne znam šta se dešava, komesare, ali ako je ovo nekakva epidemija ili pakt samoubica, imam još jednog kandidata.

Ispričao sam mu kako se Sunjiga čudno ponašao. Gimar je upitao Kuna mogu li se njih troje nekako povezati.

– Živeli su u različitim zemljama i imali veoma različite karijere, ali im je zajedničko bilo zanimanje za temu mitskih jezika. Zato su njih troje organizovali okrugli sto, još prvog dana.

– Da li je sa njima bio još neko?

– Ne, samo njih troje. Ostali su satima.

Rauać je otišao po Sunjigu u njegovu sobu. Vratio se posle dva minuta.

– Nije tamo. Soba je uredna, kao da u nju celog dana nije ulazio.

Vrata hotela su se otvorila, i kroz njih je ušao nalet ledenog vetra. Ušla je i Šimena, u žutom nepromočivom mantilu kojim je pokrila i glavu.

– Videla sam komesarov auto dok je prolazio ispred moje kuće. Ima li novosti?

Izvadila je iz džepa beležnicu, koja se nije spasla od kiše; umesto slova u njoj su stajale plave mrlje. Ispričao sam joj šta se desilo. Govorio sam joj u pola glasa; svi smo razgovarali u pola glasa, kao da se plašimo da ćemo nekoga probuditi.

Komesar je prekinuo sva domunđavanja. On je vikao.

– Rauać, naredite da donesu sve baterijske lampe koje imate. Nije me briga što pada kiša; svi će morati da sarađuju.

– Šta ćete napolju? – upitala je Šimena.

– Tražićemo Sunjigu – rekao sam joj.

Šimena je iz tašne izvadila blic i prikačila ga za aparat. Rauać i portir su se pojavili sa baterijskim lampama. Prišao sam prvi i našao jednu ispravnu; ostale kao da nisu bile baš upotrebljive.

Ana je sedela u fotelji, gledajući u prazno. Nije htela da izlazi; već je bila izvan svega, daleko.

Nisam mogao a da ne osetim – i pored tragedije – izvestan osećaj pustolovine, kao da smo skauti na prvom logorovanju.

Bura se stišavala; sada je padala dosadna, bezlična kiša koja je mogla da potraje vekovima. Pokrio sam glavu kapuljačom na šuškavcu, koji je postajao sve teži kako sam odmicao od hotela. Noć je bila mračna, videle su se samo lampe, njih pet-šest, kao tragaju kroz betonske blokove u drugom delu zgrade. Polovina lampi nije radila; slabile su, iznenada se gasile. Vaskes je rasklopio svoju i baterije su mu ispale u blato.

Gimar se pojavio pored mene.

– Ovde je mnogo sveta. Zašto ne pođete na plažu da tražite.

Kako bih pošao ka nanosima algi, morao sam da prođem kraj ulaza u hotel. Čim me je opazila, Šimena je pošla za mnom. U rukama je držala teški fotografski aparat. Bez reči sam prihvatio njeno društvo. Počeo sam da zvižđućem neku staru pesmicu.

– Daj mi na čas lampu – rekla je ona.

Odmahnuo sam glavom. Ni za šta na svetu nisam hteo da se odvajam od svoje igračke.

U blizini svetionika obala je zavijala tako da je hotel nestao sa vidika. Pred nama je stajala bezgranična praznina. Krenuo sam preko algi; noge su mi tonule u sunđeraste naslage.

– Mora biti da se udavio. Ušao je u vodu, i talasi su ga odneli. Pojaviće se za tri dana, ležeći nauznak na obali, izgrišće ga ribe, koža će mu biti modra, oči prazne.

Šimena je koračala sve sporije, uplašivši se od sopstvenih reči. Ostavio sam je za sobom. Nisam želeo društvo. Koračao sam kroz daleki pejzaž iz svojih strahova; preko pozornice pustolovina iz starih knjiga. Bila je to plaža u burnoj noći, ali je mogla biti i pustinja, prašuma, daleko ostrvo. Mesto nije bilo važno; bilo je važno to što odmičem kroz noć, dok me vodi strah, dok stežem baterijsku lampu u ruci.

Uperio sam snop svetlosti ispred sebe, sve dok se taj snop nije sudario sa prilikom čoveka koji se davi.

Kada sam prišao, shvatio sam da je to bila samo varka: klečao je, lica okrenutog ka moru, kao da nekom božanstvu u moru upućuje nemu molbu.

Sunjiga je ravnodušno pogledao lampu koja ga je zaslepila. Imao je alge po licu, na glavi, na mokroj odeći, kao da je puzao po plaži. Preko lica mu je visio raspadnut rak. Bio je to davljenik, davljenik koji je mogao da govori. Ne znam da li je bio svestan da sam ja tu i da sam stvaran. Ne znam da li je razgovarao sa mnom ili sa samim sobom; ali, to je učinio tonom čoveka koji saopštava neku tajnu.

– Nije reka – rekao je. Pomislio sam da u svom ludilu govori o moru. – Sad jasno vidim. To je močvara.

Pao je ničice preko trulih algi.

ČETVRTI DEO

Aheront

„Nimrod je", doda, „što sam sebe tuži,
A zli mu naum posledica prati
Da svet se raznim jezicima služi.
Pusti ga, šteta da se govor trati,
Jer nevešt svakom jeziku je inom,
A njegov niko ne može da shvati."

> Dante Aligijeri
> *Pakao,* Pevanje XXXI
> (Preveo Mihovil Kombol)

XXII

Sunjigu su odveli u hitnu pomoć u Luci Sfinga. Bila je to okrečena zgrada usred mračnog bloka zgrada. Neokrečen zid delio je prostoriju na čekaonicu i ordinaciju. Na izbledelom plakatu, bolničarka je držala prst na ustima tražeći tišinu. Bili su joj nacrtali bradu i brkove. Časovnik koji je poklonila neka laboratorija pokazivao je nemoguće vreme.

Vrata ordinacije bila su otvorena; sa svoje stolice mogao sam da vidim Sunjigino lice ispod maske za kiseonik. Gimar je zapalio cigaretu. Čuo se oštar glas lekara.

– Ugasite to, komesare. Ovaj čovek je u komi.
– Više nigde ne mogu da pušim.

Otvorio je vrata i bacio cigaretu na pločnik.

Fluorescentna cevčica počela je da treperi, lekar se popeo na neku klupicu i lupio po njoj, da je stabilizuje. Potom je završio pregled i skinuo gumene rukavice. Bio je to čovek dve-tri godine stariji od mene; nemarno je nosio iskrpljen i umrljam mantil. Na jednom kraju prostorije nalazio se ležaj i ćebe, i sažalio sam se na lekara zbog noći provedenih na dežurstvu, čekajući da neko zalupa na vrata, polomljene kosti, iznenadne groznice, preuranjene porođaje. Pokretom mađioničara pokazao nam je novčić.

– Imao ga je pod jezikom.

Pogledao me je kao da očekuje neko objašnjenje. Slegao sam ramenima.

– Možda je to neki metod za odvikavanje od pušenja – rekao je Gimar. – Ja sam svašta pokušavao.

– Moraćemo da ga prebacimo u oblasnu bolnicu. Molim vas, komesare, pozovite hotel: neka ponovo pošalju kombi.

– A ambulantna kola?

– Kod mehaničara su. Znate već kakvog vozača imam; nedeljom uveče se napije i iziđe da gazi zečeve po putu.

Sa telefona u sobi za dežurstva Gimar je pozvao hotel. Naišao je na izvestan otpor, pa je morao da podvikne kako bi ga poslušali. Petnaest minuta kasnije pojavio se kombi. Pomogao sam da ubace blesnika i bocu sa kiseonikom. Lekar je ugasio svetlo u ordinaciji, zaključao vrata i popeo se u kombi. Gimar i ja smo ostali nasred pločnika, u mračnoj ulici.

– Godinama čekam na neki ovakav slučaj. Tajnu koju treba rešiti. I sad, kad mi je napokon stigao, shvatam da uopšte nemam ideju kuda ću dalje.

Nisam imao želju da slušam noćne ispovesti melanholičnog policajca.

– Vraćam se u hotel, komesare.

– Sačekajte. Mrzim ludake, znate? Sa zločincima se čovek razume. Lako je pogoditi šta misle. Ali, sa ludacima nije tako, ubijaju druge ili sebe, bez ikakvog razloga. Uhvatite zločinca i osećate zadovoljstvo. Ali, mislite li da ima nekog zadovoljstva u hvatanju ludaka?

Gimar je zapalio još jednu cigaretu. Tišina je bila tako duboka da sam jasno čuo kako gori fosfor. Iz daljine nam se ulicom približavao neki visok čovek.

– Šta je bilo sa Sunjigom? – upitao je Kun.

– Otišao je u šetnju – odgovorio je komesar. – Idem na spavanje. Ako se nečega setite, Kune, zovite me u stanicu. Šta ono rekoste, šta proučavaju ovi ljudi?

– Jezik koji je prethodio Vavilonskoj kuli. Jezik na kojem je Adam dao imena stvarima. Savršen jezik.

– Ako bi stvarima trebalo da damo ime jednom za svagda, kada bi bila dovoljna jedna reč da sve razjasni, život u ovom mestu bi bio jeziv. Svi bi ćutali, u baru, kod frizera. Ovde niko ne govori jasno i glasno, niko ne ide pravim putem. Znate li koji je jedini savršeni jezik? Onaj koji pomaže da se ubije vreme.

Komesar se udaljio sporim korakom. Kun i ja smo krenuli ka hotelu.

Bilo je hladno, ali je vetar stao. Moj teški šuškavac prenosio mi je vlagu pravo u kosti. Kinuo sam.

– Misliš li da je on poslednji? – upitao je Kun.

– Zavisi. Da li stvarno nije bilo nikoga više na onom okruglom stolu?

– Stvarno. Dobro se sećam, zato što su mi tražili da to bude privatan razgovor. Razgovarali su o nekoj temi koju još nisu mogli da iznesu javno.

– Da nisu pripadali nekoj sekti?

– Ne. Valner možda, ali ni Rina ni Sunjiga nisu bili od te vrste ljudi. Nisu mi rekli šta je njihova tajna, ali pretpostavljam da se radilo o rečniku mitskih jezika koji Naum odavno uređuje.

– Kakve sad veze ima Naum?

– Nije ti rekao? On je zakazao sastanak. Ali, pošto nije uspeo da dobije kartu za taj dan, počeli su bez njega.

Stigli smo pred hotel. Oteglo se dok nije pala mrkla noć, potpuni mrak kada svi spavaju, ali je zato pomrčina bila dublja nego ranijih noći. Drugi deo hotela pokazivao je svoju nadmoć ispuštajući zvuke hujanja vetra zatvorenog među zidove.

Hteo sam da spavam, ali nisam mogao. Prevrtao sam se u krevetu u neravnopravnoj borbi između umora i radoznalosti. Znao sam da mi Naum neće reći ništa, da će izmisliti neki izgovor, da mi neće otkriti ni reč o onom čudnom jeziku, i o još jednom jeziku, mnogo težem: jeziku činjenica. Činjenice su, rekao mi je Naum dvadeset godina ranije, nepomirljive sa istinom.

Neko je stidljivo pokucao na moja vrata. Otvorio sam ne pitajući ko je, i ugledao nju, čudesno zamršene kose.

– Nisam mogla da spavam. Plašim se.

Potajno sam bio zahvalan na postojanju straha i nesanice.

– Mogu li da razgovaram sa Sunjigom? – upitala je Ana.

– Ne. Odvezli su ga u bolnicu, nije pri svesti. Kada se bude probudio, nadam se da će biti daleko odavde.

– Da li ti se žuri da se što pre rastaneš od mene?
– Ne možeš ni da zamisliš.

Ana je legla na jedan od dva kreveta u sobi i zaspala. Ne budeći je, skinuo sam joj cipele, malo postiđen zbog uživanja koje sam osetio dodirujući joj stopala. Pokrio sam je čaršavom i ugasio svetlo, kako ne bih bio prinuđen da je gledam.

XXIII

Umio sam se. Stavio članke na rukama pod mlaz hladne vode. Šum vode probudio je Anu. Pogledala me je začuđeno, kao da se ne seća kako je tu dospela.
Obuo sam se. Cipele su mi bile vlažne. Polako sam vezivao pertle: hteo sam da ubijem vreme, kao da treba da polažem ispit iz nečega o čemu ne znam ništa.
Ana je pogledala na sat: dvadeset do četiri.
– Kuda si pošao u ovo doba?
– Moram nešto da potražim – rekao sam.
– Nemoj da me ostavljaš samu. Idem s tobom.
– Idem u sobu 316.
Usred noći, u zatvorenoj sobi, najbesmislenije ideje zvuče moguće i smisleno.
– Idem i ja.
– Idem u sobu 316 – ponovio sam. Ne znam da li sam hteo da je obeshrabrim ili ne.
Ana je pošla za mnom niza stepenice kroz usnuli hotel. Hol je bio pust. Noćni portir je verovatno spavao u nekoj sobi u prizemlju. Na recepciji je stajao neki strip, časopis s ukrštenicama, i prazna konzerva od piva. Otvorio sam fioku i našao tri velika

svežnja ključeva, po jedan za svaki sprat. Uzeo sam onaj za treći.

Popeli smo se gore.

– Još je tu? – upitala je Ana.

– Nisu hteli da je premeštaju dok ne dođe lekar. On neće doći do sutra.

– Ne želim ponovo da je vidim.

– Ja idem u kupatilo, a ti pretraži sobu.

– Šta tražimo?

– Papire, pisma, beleške.

– Primetiće da nešto nedostaje.

– Ne brini, sve ćemo vratiti.

Gledao sam zlatne brojeve ispisane na vratima. Ušli smo u sobu koja se osećala na ustajalo.

– Ima li nekoga u susednoj sobi? – upitala me je.

– Nema, ispraznili su ceo ovaj deo. Prebacili su ih u drugi hodnik.

Ana je prišla krevetu i počela da pretura po odeći. Mali kožni kovčeg bio je otvoren i u njemu se videlo donje rublje i neka beležnica ispisana rukom. Na noćnom stočiću stajale su dve bočice parfema i teglica s kremom za čišćenje. Preko stolice je visio zeleni sako sa brošem u obliku skarabeja na reveru. Tu je bila i jedna otvorena knjiga – biografija Marsila Fićina koju je napisao neki Englez – a preko knjige par naočara sa okvirom od kornjačinog oklopa.

Ani je pripao lak zadatak. Ja sam upalio svetlost u kupatilu.

Žena je bila odevena u plavu spavaćicu. Voda se gotovo prelivala iz kade. Glava je bila zabačena unazad i mogao se videti beo vrat sa zlatnim lančićem i priveskom. Voda je bila potpuno crvena. Ruke su bile potopljene, nevidljive.

Setio sam se razgovora koji smo vodili tokom putovanja do hotela. Videlo se da je ta žena ponosna na svoj rad, i da ima planove. Na aerodromu je nabavila mapu toga kraja, i bio sam ubeđen – mada racionalno ne bih umeo da odbranim svoj utisak – da niko ne kupuje mapu ako želi da se ubije.

Nad lavaboom je stajala plava četkica za zube i tuba paste za zube. Otvorio sam ormarić. Unutra je bila čaša uvijena u celofan. Skinuo sam kesicu i navukao je kao rukavicu. Prišao sam telu trudeći se da mislim na nešto drugo.

Rina Agri temenom se naslanjala na ivicu kade. Taj položaj prinudio je telo da otvori usta sa izrazom umora na licu. Podigao sam joj jezik i pogledao ima li čega ispod. Našao sam novčić, mali i srebrnast. Bio je to treći.

Ruka mi je toliko zadrhtala da sam novčić ispustio u crvenu vodu. Uspeo sam da nazrem lice nekog nepoznatog državnika, ali ništa više. Verovatno je to bio neki strani novčić.

Upravo sam se spremao da ga dohvatim, ali dodirnuvši hladnu tečnost shvatio sam šta radim. Kod nekog autora iz Kablizovog kružoka pročitao sam da su kod planinara česti napadi panike. Penjali bi se uz planinu odlučno i žustro, ali bi u nekom trenutku, u sumrak, zastali i pogledali naniže, i više ne bi mogli da nastave, izmoždeni od hladnoće i samoće u planini. Neki bi se dali u bezuman beg i ginuli pri padu.

Talas straha i gađenja isterao me je iz kupatila. Skinuo sam improvizovanu rukavicu i ispustio je na pod. Izleteo bih urlajući da me Ana nije ščepala za ruku. Pre nego što je izišla, dovela je sobu u red. Zatim me je povela kroz hotelske hodnike do našeg skrovišta.

XXIV

Bilo je tu otkucanih stranica sa ispravkama na marginama i rukom zabeleženih napomena. Ana je iz Rinine sobe ponela i mali crni kasetofon. Kao manijak sam prao ruke.

– Šta si tražio? – upitala me je.
– Novčić. Treći.

U džepu na torbi ostavio sam druga dva. Pokazao sam joj ih.

– I Rina je imala jedan. Uspeo sam da ga vidim, ali se izgubio u vodi.

Ana je zavitlala jedan novčić u vazduh.
– Gde su se nalazili? – upitala je.
– U ustima, ispod jezika.

Bacila je novčiće na krevet, kao da su se odjednom pretvorili u nešto drugo. Reči za tili čas mogu da preoblikuju stvari.

Ponovo sam pregledao hartije, tražeći pažljivije, i izdvojio list sa beleškama zapisanim rukom. Ranije nismo videli da se na poleđini nalazi kratak tekst napisan na kompjuteru ili električnoj pisaćoj mašini. Rina Agri je za svoje beleške upotrebila poleđinu nekog pisma.

Poštovana Rina,

Još nemam potvrdu o letu zato što su sva mesta popunjena; za svaki slučaj sam rezervisao i za sledeći dan. Ako ne stignem na dan otvaranja, počnite bez mene.

Pozdravlja vas
S. Naum (kako kaže V, vaš brat po Aherontovom jeziku)

Naum je pismo potpisao ogromnim S.
– Novčići u ustima mrtvaca. Na šta te to podseća? – upitao sam.
Moj mozak počeo je da povezuje reči u rečenicu koja još nije dostigla nikakav red niti smisao.
– Na Haronovu platu – odgovorila je Ana. – Rođaci su u usta leša stavljali novčić: to je cena putovanja.
– Kako bi prešli Aheront. Kakvo će objašnjenje Naum dati za ovo? Kako kaže Valner, njegov brat po Aherontovom jeziku.
Setio sam se slika iz knjige o grčkoj mitologiji koju su mi poklonili kada sam imao deset godina. Knjiga je imala žute korice i početna slova na svakoj stranici podražavala su grčka slova. Na stranicama posvećenim Hadu nalazila se slika Harona koju je nacrtao neki amater. Haron je bio grbav, odeven u prnje, i čamac je gurao uz pomoć dugačkog vesla. Nad rekom se nadvila sivkasta izmaglica od koje se nije moglo videti šta je na drugoj strani. U dnu čamca nalazio se putnik, bled i nag, i noge su mu visile preko ivice. U tekstu ispod slike pisalo je da Aheront

razdvaja svet mrtvih od sveta živih. Zbog drugih, manjih reka, ceo kraj delovao je poput močvare.

Nije reka, nego močvara. Močvara je reka koju čovek nikako da pređe.

– Zašto su izabrali novčiće van opticaja? – upitala je Ana.

– Pretpostavljam da im je bio potreban nekakav simbol; a samo nekorisne stvari mogu tome da posluže.

Pregledao sam Rinine hartije: njen rukopis, sitan i čitak, izgledao je daleko od svake pomisli na smrt. Većina stranica bile su materijal za izlaganje. Na jednoj margini preslikala je neki novčić, pritisnuvši ga na papir i prešavši olovkom preko površine.

Novčići pod jezikom mrtvih. Gospodar donjeg carstva takođe je i čuvar blaga.

Ana je premotala traku. Očekivali smo neku poruku koja bi sve razjasnila, glas koji bi govorio o paktu, o zajedničkom ludilu, o otelovljenju mita.

„Posao prevodioca sastoji se iz oklevanja, baš kao i posao pisca. I pisac prevodi i okleva i želi da nađe tačan izraz koji će odgovarati ideji; i on, poput prevodioca, zna da njegov lični jezik postaje nesavladivi žargon stranog jezika. Pisac prevodi sebe kao da je neko drugi, prevodilac piše drugog kao da je on sam."

Ana je premotala traku napred. Jezici koji se ukrštaju kod Paunda, u Džojsovom *Finnegans Wake*, u čekaonicama na aerodromima, u kafeterijama na univerzitetima, u noćnim morama prevodilaca. Premotala je još malo; u dubokoj noći, zujanje kasetofona bilo je takođe i glas koji nam se podsmeva.

I Rina je nastavila da govori, ali ju je sada prekinulo nešto drugo, nejasan oblik nekog nepoznatog jezika. Bila se pomirila s tim da odustane od španskog jezika i pokušavala da govori na italijanskom, ali ju je jezik gurao izvan šahovskog polja na kojem su vladala poznata pravila. Drugi jezik – jezik Aheronta – uvukao ju je u svoj kovitlac. Kakvu li je priču pričao taj drugi jezik? Koji je bio smisao jezika bez smisla? U tom šumu postojala je nekakva muzika nastala iz potpunog odsustva muzikalnosti koja je sugerisala smisao sačinjen od odsustva smisla.

Shvatio sam da smo blizu istine. Osetio sam strah i gađenje i mirenje sa sudbinom.

Tog trenutka pomislio sam da se spakujem, pozdravim sa svima i zauvek odem odatle.

Progovorio sam bez glasa:

– Vreme je da počnemo da prevodimo.

XXV

– Idem da vratim papire – rekao sam. – Osim ovoga. I kasetofona.
Pismo sam stavio u džep.
– Bolje da ovoga puta idem sam.
– Siguran si?
– Sačekaj me ovde.
Koračao sam trudeći se da ne pravim buku, ali je moja mašta pojačavala šum mojih koraka. Zabavljao sam se zamišljajući moguća objašnjenja za slučaj da me neko zatekne kako otvaram vrata sobe.
Tiho sam otključao vrata na sobi 316. Pre nego što sam napipao prekidač, upalilo se svetlo na noćnom stočiću. Prigušeno sam kriknuo.
Bio je to Naum. Nosio je pulover navučen naopako, kao da se oblačio po mraku. Pogledali smo se bez reči. Nekada smo bili prijatelji. Dobro smo se poznavali. Ako smo se mrzeli, niko nije mogao da kaže da je reč o nesporazumu.
– Šta si tražio? – upitao je.
Ponašao se autoritativno, kao gazda u kući.
– Neko ime, i našao sam tvoje.

Otvorio sam kovčeg koji je stajao na krevetu i spustio hartije unutra. Naum ih je izvukao i prelistao. Kada ih je pregledao, vratio ih je na isto mesto.

– Zna li Ana nešto?

Slegao sam ramenima.

– Ana stalno kupuje i baca stvari – rekao je Naum. Seo je na krevet i zavalio se. Zatvorio je oči na trenutak, i učinilo mi se da je zaspao. – Selidbe su je navikle da ne čuva gotovo ništa. Međutim, ima kutiju za cipele sa stvarima koje nikako ne može da se odluči da baci. U toj kutiji nalazi se i jedna tvoja slika. Pišeš na pisaćoj mašini; iza tebe je neki prozor.

Sećao sam se te slike. Mrzeo sam Nauma zato što me dobro poznaje, zato što zna da sam se ja upustio u istragu manje zato da bih razotkrio skorašnju tajnu, a više zato da bih naplatio jedan stari dug. Želeo je da poverujem kako sam bio jedini i nezamenljiv u Aninim očima. Naum je umeo da me podmiti. Ali, moja sposobnost verovanja s godinama se potrošila, i fotografija u kutiji za cipele nije bila dovoljna da me kupi.

– Zašto si ušao? Šta si tražio?

– Ne želim da bilo ko sazna da sam poznavao te ljude. Ako pomisle da je reč o nekoj sekti, i da je bilo nekog pakta samoubica, mogu mesecima da nas zadrže ovde sa svojim idiotskim procedurama.

– Mene neće zadržati. Ne pojavljuje se moje ime na onom papiru.

– Kakvom papiru?

– Na pismu.

– Kakvo sad pismo?

– Kaže: počnite bez mene, možda ću da zakasnim.
– I čega tu ima kompromitujućeg?
– Laž je da nije bilo mesta na letovima iz Buenos Ajresa. Ubeđen sam da si došao polupraznim avionom.

Naum se izvalio na krevet. Izgledao je spreman da ostatak noći provede u sobi, kao da mu ju je uprava hotela iznenada dodelila.

– Kada budem izišao, zaključaću vrata – rekao sam.

Ustao je.

– Ćutanje u zamenu za istinu – rekao je.

Nisam odgovorio. Zaključao sam vrata i udaljio se niz hodnik kako bih vratio ključ.

Kada sam se vratio u svoju sobu, Ane nije bilo.

XXVI

Ujutro su svi tražili Kuna; svakoga je zanimalo kada će nas pustiti da iziđemo. Zahtevi učesnika izvlačili su ga iz njegove tuge zbog sudbine koju je doživeo kongres i vraćali mu ulogu organizatora, mada se sad radilo o tome da organizuje kraj. Kun je objavio kako pokušava da dobije dozvolu od sudije da, pre svega, pusti strance; govorio je tako da bi čovek pomislio da šalje glasnike sa hitnim porukama.

Šimenu sam zatekao u baru kako pije sok od pomorandže. S vremena na vreme bi zapisala ponešto u svoju sveščicu. Upitao sam je da li je štogod saznala o Sunjigi.

– Jutros sam zvala bolnicu. I dalje je bez svesti, na intenzivnoj nezi. Kažu da će se izvući.

Seo sam naspram nje.

– Smetam?

– Ne, samo sam hvatala beleške, ništa više. Ubrzo moram da pošaljem izveštaj.

– Beleške o čemu?

– Jutros su izneli telo. A vi ste za to vreme spavali. Ne biste bili dobar novinar.

– Ne, na sreću, ne bih.

Naručio sam belu kafu i kifle.
– Samo ti radi. Ne obraćaj pažnju na mene. Izjutra nikad ne pričam.
– Sad je skoro podne.
U slast sam pojeo kifle, dok sam je posmatrao kako radi.
Učinilo mi se da Šimena želi da je prekinem, pa sam je i prekinuo.
– Hoće li poslati još nekoga iz novina?
– Neće, pustiće mene. Kažu mi da sam do sada vrlo dobro radila. Šteta što je već gotovo.
Bilo je dvoje mrtvih, jedan u komi, i šteta što je već gotovo. Zavideo sam joj na besramnosti sa kojom je govorila takve stvari.
Stigla je Ana i spustila mi ruku na rame. Šimena nije dizala glavu sa hartije.
– Naum želi da razgovaramo.
– Sada?
– Sada.
– Gde je?
– Gore.
Ana se udaljila i otišla da razgovara s Kunom. Ja sam dovršio belu kafu.
– Nešto važno?
– Ne. Moramo da razgovaramo o nekom prevodu.
Šimena je bila toliko željna vesti da mi je bilo žao što će propustiti istinsku novost.
Ana me je ugledala kraj stepeništa i pošla za mnom. Popeli smo se na treći sprat. Zastao sam.
– Čeka nas na četvrtom?
– Ne, nego gore, na vrhu.

Produžili smo do petog sprata, koji je bio pust. Pogledao sam ispod oka sobu u koju se bio sakrio Migel; sveće s poda su bile sklonjene. Preko terase smo stigli do bazena. Naum je sedeo na gomili šupljih cigala kraj bazena.

– Razgovaraćemo sad i nikad više. Reći ću vam istinu; zauzvrat, vi ćete uništiti svaku hartiju na kojoj se nalazi moje ime.

– Izgleda mi pravično – rekao sam. – Ana?
– I meni.
– Gde su hartije?

Izvadio sam pismo iz džepa.

– Bilo je samo ovo.
– Sigurno? – pogledao je Anu. – Ana, sigurno je bilo samo to?
– Zašto u nju imaš više poverenja nego u mene?
– Njoj je teže da me slaže.

Pomislio sam da bi čak mogao biti u pravu.

Naum nas je pogledao i poverovao nam. Svako je verovao svakome. Bio je to sastanak starih prijatelja.

Naum je počeo da priča.

XXVII

– Pre pet godina objavio sam *Hermesov pečat*; tokom meseci koji su usledili primio sam više pisama nego što sam ih dobio tokom celog života. Proučavaoci, ludaci koji još traže kamen mudrosti, neki portugalski sveštenik koji je tvrdio da ima Paracelzusove neobjavljene rukopise. Jedno od tih pisama bilo je od grčkog studenta koji je živeo u Parizu. Hteo je lično da me vidi. Nikada se ni sa kim ne viđam lično, ali on je potpisao: Andreas Savidis, vaš brat po Aherontovom jeziku.

Uzgred sam bio čuo za Aherontov jezik dok sam proučavao biografiju Marsila Fićina kako bih ušao u trag širenju hermetizma na Zapadu. Godine 1460, Kozimo de Mediči je Fićinu poverio prevod nekoliko Platonovih i Plotinovih rukopisa. Ubrzo potom kupio je još dva rukopisa koji su ga naterali da promeni prvobitni plan. Jedan od njih bio je *Corpus hermeticum*; drugi se samo spominje u nekom prevodiočevom pismu. Marsile Fićino se žalio da je, uprkos tome što je napisan na grčkom, taj drugi rukopis nerazumljiv. U početku je pomislio da je reč o nekoj tajnoj šifri, pokušao da utvrdi neku pravilnost, ali se ubrzo obeshrabrio. Kozimo je želeo *Corpus hermeticum* pre nego što umre, i požurivao je Fićina da mu ga preda. Marsile je završio prevod 1463, godinu dana pre Kozimove smrti. O sudbini drugog rukopisa ne zna se ništa.

– Šta je Aherontov jezik?

– Oduvek sam mislio da je to sujeverje koje je kružilo po glavama istoričara religije, akademski mit za čije postojanje nije bilo drugog dokaza osim pisma Marsila Fićina. Pretpostavlja se da je to jezik pakla. Oni koji su u taj mit verovali govorili su da je Dante poznavao taj jezik i da je zato u *Pakao* uključio dva nerazumljiva retka koji ne odgovaraju nijednom poznatom jeziku. U osmom krugu nalaze se rasipnici i škrtice, koje čuva bog bogatstva i vratar pakla, Pluton. Bog dočekuje Dantea i Vergilija ovim rečima: „*Pape Satan, Pape Satan, Aleppe.*" Nešto dalje, u XXXI pevanju *Pakla*, Dante sreće Nevroda, cara koji je hteo da podigne kulu u Vavilonu. Nevrod, osuđen da ne razume nikoga i da njega niko ne razume, izgovara druge nerazumljive reči: „*Raphel may amech zabi almi.*" Vekovima su tumači istraživali pokušavajući da nađu objašnjenje ovih zagonetnih redaka. Istrajnost tajne pomogla je tome da opstane legenda o Aherontovom jeziku.

Kada sam se sreo sa grčkim studentom, on mi je rekao kako ga je tom jeziku naučio neki stari profesor, nedugo pre nego što je umro. Jedno od predanja ukazuje na to da onaj ko zna taj jezik može da osvoji smrt, ako ga čuva samo za sebe i ako ga ne govori. Grčki student mi je rekao da je čovek koji

mu je to preneo imao više godina nego što bih ja to mogao i zamisliti.
– Da li si ga ikada ponovo sreo?
– Nekoliko puta. Bio je to student bez solidnog obrazovanja, ali inteligentan i strastan. Ja nisam verovao u navodnu moć tog jezika, ali sam se uverio u njegovo postojanje. Da sam uspeo da nađem gramatiku ili rečnik tog mitskog jezika, to je moglo postati moje životno delo. Obezbedio sam stipendiju za Andreasa, a zauzvrat sam od njega tražio da ćuti. Njegovo obećanje ništa nije vredelo. Bio je vrlo mlad i nije znao da je akademski svet opasniji od sveta špijuna. U svetu špijuna samo neki su i dvostruki agenti; u akademskom svetu, svi agenti su dvostruki. Putem časopisa za klasične studije obavestio je i druge koji su već godinama tragali za tim jezikom: Rinu Agri, i Valnera, i Sunjigu, i mnoge druge koji nisu došli. Odavno su pratili tragove tog jezika, ali niko od njih nije imao nijedan konkretan podatak dok se nije pojavio Andreas da svoju tajnu prenese svima.

Hteo sam da ga zatvorim u biblioteke, da prati trag jezika kroz još neprevedene rukopise, ali je oduševljenje prosto kuljalo iz njega. Krenuo je da ga koristi po bolnicama; rekao mi je da ga samrtnici govore sa lakoćom, da reči pamte bez napora i da umiru s nepoznatim jezikom na usnama. Poslednje noći kada sam ga video došao je u moj stan, negde oko tri izjutra. Padala je kiša, bio je mokar do gole kože, ali kao da to nije primećivao. Upitao sam ga šta je radio cele noći. „Hodao sam", rekao mi je, kao da nije siguran, kao da ne zna šta tačno znači glagol hodati. Napravio sam zabeleške o onom jeziku, koji sam kasnije naučio. On se mora govoriti sa novčićem ispod jezika i u blizini vode, rekao je Andreas. Tada počinju vizije. Jezik je virus. Jezik pripoveda jednu jedinu povest. Jezik Aheronta je poziv da se pređe reka. Ako se čovek odupre tome da ga govori, ako uspe da ga savlada, tajna se otkriva.

Znao sam da Andreas uzima antidepresive; njegovo stanje pripisao sam tim drogama. Mislio sam da je to neki primitivan veštački jezik napravljen na osnovu grčkog i pomoću permutacija čija pravila nisam znao. Zamišljao sam neki jezik kadar da deluje kao halucinogen. Zar droge ne unose promene ili ispravke u tajni jezik mozga? Tako je činio i jezik Aheronta. Međutim, on je činio i nešto više: prepravljao je toliko dok na kraju to ne bi postao konačni prevod.

– Šta se desilo sa studentom? – upitao sam.

– Andreas je bio astmatičar. Umro je dva dana pošto me je posetio u stanu, od prekomerne doze leka. Pod jezikom je imao novčić. Otkrili su ga zato što je hartijom zapušio mrežicu u lavabou kako bi voda poplavila stan. Andreas je verovao da će mu poznavanje tog jezika omogućiti da živi večno. Zato se odvažio. Prema predanju, posle određene tačke, nije više čovek taj koji govori jezik, nego jezik govori čoveka.

– Da li su Rina i Valner znali da će umreti kada upotrebe jezik? Da li si ih upozorio? – upitao sam.

Naum je ustao. Na dnu bazena stajalo je nekoliko šupljih cigala razbacanih bez ikakvog reda. Sada ih je pažljivo posmatrao, kao što je posmatrao i one zelene tačke pre nego što je započeo izlaganje.

– Dogovorili smo se da se sastanemo i da prvi put razgovaramo na jeziku Aheronta. Kako bismo uopšte mogli poverovati u to da je jezik kadar da ubije? I dalje ne mogu da poverujem...

– Međutim, znao si šta se desilo Andreasu. Jesi li im to ispričao?

– Nikada o tome nismo razgovarali.

– Svima si im zakazao sastanak, a stigao si dan kasnije kako bi ubrao plodove eksperimenta.

Naum se nasmejao. Pogledao je Anu, kao da je ona sudija.

– Ne zavaravaj se. Nikad mi nije oprostio – nije rekao šta je to što mu nikada nisam oprostio. – I dalje je izgubljen u vremenu. I on govori mrtav jezik.

– Sa avionom nije bilo nikakvih teškoća. Napravio si eksperiment, i ishod je bio bolji nego što si se nadao. Kada će izići knjiga koja pripoveda tu povest?

– Rekao sam ti ono što znam. Nećeš me valjda optuživati za ubistvo zato što sam stigao sa danom zakašnjenja. A sada, hoću onaj papir.

Izvukao sam list.

– Reci istinu Ani. Samo njoj, to mi je dovoljno.

Umalo nisam poverovao da će Naum reći istinu, a Naum umalo nije i rekao još ono što je nedostajalo do istine. Ali, to se nije desilo. Skočio je na mene, plahovito ali nespretno, pogleda uprtog u hartiju. Dočekao sam ga udarcem glave u bradu. Ponovo je navalio, bez snage. Udario sam ga u stomak. Presamitio se i pao na vlažan i prljav pod.

Ana je kleknula kraj njega.
– Pismo – zamolio je Naum jedva čujnim glasom.
– Istinu – rekao sam ja.
– Pismo – zamolila je i Ana. Ja sam želeo da ona sazna istinu, ali njoj nije bilo važno da je sazna.

Napravio sam lopticu od pisma i bacio ga Naumu pred noge. On se pridigao da ga dohvati. Zatim je ponovo seo na gomilicu cigala.

Obratio sam se Ani.
– Ispričaće ti celu priču, do najmanje pojedinosti. I pozvaće te da sa tobom napiše novu knjigu. I biće mnogo prevoda, a jedino što je važno da se kaže neće biti rečeno.

Naum je izvadio upaljač iz džepa i zapalio pismo. Sve troje gledali smo kako hartija gori. Kada je od mog jedinog dokaza protiv Nauma ostao samo pepeo, otišao sam.

XXVIII

Po podne, pošto sam ručao i malo se prošetao, ušao sam u svoju sobu i osetio miris cigarete. Na trenutak sam pomislio da sam pogrešio sobu.

Neki čovek je, sedeći na krevetu, čitao moje papire pod svetlošću lampe na stočiću.

– Šta radite ovde, komesare?

Gimar me je pogledao zlovoljan što sam ga prekinuo.

– Svoj posao. Ne brinite se, nisam našao ništa kompromitujuće.

– A šta ste tražili?

– Pošto ste zalazili po tuđim sobama, pomislio sam da ste možda nešto odneli iz sobe 316.

– Ne znam čija je soba 316.

– Videli su vas kako se muvate po hotelu. Videli su vas kada ste ostavili ključeve. Šta ste tačno tražili?

Seo sam na krevet. Gimar je znao.

– Neko objašnjenje.

– Jeste li nešto našli?

– Nisam. Pogledajte i sami papire koje je ostavila Rina Agri. Videćete da nema načina da se bilo šta objasni.

Gimar je obukao kaput koji je bio spustio na krevet.

– Izvinite zbog mirisa cigarete. Ne mogu da se zaustavim. Nemojte skidati vetrovku, izići ćemo zajedno. Ja ću vama ispričati jednu priču, a vi meni drugu.

– Kuda idemo? – upitao sam uznemireno.

– Moram da svratim u stanicu. Ne brinite, niste uhapšeni.

Kun se uplašio kada me je video kako silazim sa komesarom.

– Kuda ideš, Migele?

– Treba neko da mi potpiše neke papire. Povešću gospodina De Blasta kao svedoka – odgovorio je Gimar ne zastajući. Rezignirano sam odmahnuo Kunu i pošao za komesarom.

Napolju nas je čekao ulubljen fijat 1500.

– Moram da koristim privatni automobil čak i za službene poslove. Patrolna kola su stalno kod mehaničara. Ako nisu svećice, onda je osovina ili akumulator. Razumete li se u mehaničarski posao?

– Ne umem da vozim.

– Ovde čovek ne može da živi ako ne zna da vozi. Ali, kola nam samo zadaju glavobolje. Ova i nisu tako stara, a često me ostave da idem peške.

Procenio sam da auto ima dvadesetak godina. Komesar je upalio radio. Spiker je čitao neke lokalne vesti – izložba slika, saobraćajna nesreća – a zatim je govorio o kongresu o prevođenju. Rekao je da će uključiti dopisnika iz hotela. Prepoznao sam Šimenin glas.

– Ta devojka snima, piše, priča na radiju.

– To je jedina novinarka koju imamo – rekao je komesar. – Otac joj je inženjer, odavno je otišao iz mesta. Ostavio je nju i majku same.

Auto je produžio kraj obale, a zatim skrenuo levo, kako bi ušao u mesto. Komesar je smanjio brzinu kada je prošao kroz crveno svetlo.

– Mora se paziti na saobraćaj, iako je mesto ovako mirno – izvinio se.

Zaustavio je fijat ispred policijske stanice. Na dežurstvu nije bilo nikoga. U nekom sobičku, pored San Martinove biste, dremao je neki podoficir. Gimar je snažno zalupio vrata kako bi ga probudio, i prošao pored njega.

Uzanim stepeništem popeli smo se u kancelariju u kojoj je stajao veliki pisaći sto. Sa strane su bili metalni sanduci s arhivom. Na stolu, pisaća mašina.

– Zašto ste me doveli, komesare?

Ne odgovarajući, Gimar je seo za pisaći sto i ključićem otvorio fioku. Izvadio je revolver od devet milimetara, koji je spustio na sto, i narandžastu fasciklu. Na nalepnici sam pročitao, ispisano užurbanim rukopisom: *Hotel Svetionik.*

– U ovo mesto došao sam pre pet godina. Rekli su mi da se ovde nikada ništa ne dešava, da se nikada ništa nije desilo, ali ja sam shvatio da je razlika između toga da se ne dešava ništa i da se mnogo štošta dešava samo pitanje gledišta. Zatekao sam praznu arhivu, koju sam polako popunjavao svojim izveštajima, koje sam pišem i sam ih sebi ispostavljam. Otako sam stigao, počeo sam da punim arhiv; čim sam se smestio, kupio sam novu traku za mašinu i počeo da pišem. Po jedna fascikla za svaku temu. U ovom arhivu nalazi se cela istorija mesta i niko to ne zna. Pričam to vama, zato što ste došli sa strane i želim da me shvatite. Prelistajte malo ovu fasciklu.

Otvorio sam je. Tu je bilo reči o kupovini zemljišta za hotel, članovima bivše uprave, arhitektinim prethodnim iskustvima. Pročitao sam: PREKRŠAJI ZAKONA O IZGRADNJI.

– Kad otkrijem neki prestup, to zapišem velikim slovima; to je sve što mogu da kažem o svom književnom stilu. Prekršaji velikim slovima. Sve imam zabeleženo. Ponekad mi to služi za to da izvršim pritisak na neke ljude, ali je ovo i mnogo više od toga. Ne želim da bilo šta od onoga što se događa ostane van mojih arhiva. Nije me briga što su mi ponekad vezane ruke. Ne znam mogu li da budem pravičan i ne znam da li mi je od koristi da budem pravičan, ali želim da sve ostane zapisano. Sada, govorite; dodaću još jedan list u ovu fasciklu. Govorite, ili će se vaš boravak u Luci Sfinga odužiti. Pretpostavljam da vas u Buenos Ajresu očekuje mnogo posla.

– Nećete poverovati u moju priču.

– Videćemo. Počnite. Pokažite uverenje, kao da niko na svetu ne može posumnjati u vaše reči.

Progovorio sam, zamuckujući, o jeziku Aheronta. Pričao sam o Valneru i o Rini i o Sunjigi, ali nisam pominjao Nauma. U mojoj priči, mrtvi su došli samo iz zla koje je spavalo u jeziku; bila je to kob bez krivaca. Gimar me je saslušao ne prekidajući me, uprkos tome što sam ja zastajao čekajući da me on prekine; ponekad, kada bih zagazio na opasan teren, počeo bih da govorim brže, trudeći se da ne dozvolim da me prekine kao što sam zamišljao da će učiniti. Ne znam zašto sam štitio Nauma; možda je ostao neki trag izgubljene odanosti, ili nisam hteo da se stranci mešaju u našu staru priču.

Gimar nije rekao ništa o tome što je čuo. Izvukao je narandžastu fasciklu i na koricama napisao *Jezik Aheronta*.

– Dobro sam napisao?

Rekao sam mu da jeste.

Zatim je stavio oružje u jaknu, zatvorio fioku i naredio mi da pođem za njim.

XXIX

Počelo je da se smrkava. Koračali smo pustom ulicom.

– Ispričali ste mi svoju priču. Sada je red na mene.

Rekao sam mu da sam umoran, da želim da se vratim u hotel.

– Samo deset minuta. Potreban mi je svedok, već sam vam rekao.

Stigli smo pred gradski muzej. Gimar je pokucao na vrata. Pošto nisu otvorili, uporno je lupao dok se nije promolio neki sedokosi čovek. Učinilo mi se da je to neki starac; kasnije sam shvatio da je jedva nešto stariji od mene.

– Komesare...
– Hoćemo da uđemo.
– Ko je on?
– Dovodim ga kao svedoka.
– Svedoka čega?
– Toga da ću, ako ne otvoriš ta vrata, provaliti unutra.

Čovek je skinuo katanac.

– Lugo je čuvar muzeja, mada tu nema mnogo šta da se čuva.

Čovek je upalio svetla. Nad našom glavom visila je kitova vilica. U vitrinama su stajale punjene ptice, grnčarija, pomorski instrumenti, kosti životinja. Na zidu sam video sliku svetionika od pre pola veka.

– Spava mi se, komesare – rekao je Lugo.
– Verujem ti. Vodiš buran noćni život.
– Rano ustajem.
– Pre zore.

Komesar je zavirio u svaki ćošak u obe sale i zatim krenuo ka hodniku. Onaj drugi mu je preprečio put.

– Šta tražite?

Komesar ga je odgurnuo i nastavio ka dnu. Onaj drugi nije pošao za njim. Gimar je otvorio jedna vrata, pa onda druga, i ušao kroz poslednja.

– Ko ste vi? – upitao me je onaj.
– Prevodilac – odgovorio sam.

Komesar se vratio sa čekićem sa drvenom drškom umotanim u prljave krpe. Lugo je odsutno posmatrao prizor, kao da ga se sve to uopšte ne tiče.

– Ovim si ubijao životinje?
– Odavno sam prestao da lovim.

Gimar je zamahnuo čekićem iznad Lugove glave. Zaustavio ga je u vazduhu, pretvarajući se da ga jedva drži u rukama. Čuvar muzeja se priljubio uza zid.

– Kada sam shvatio da si to ti, pomislio sam: „Lugo je poludeo. Izlazi noću da ubija foke." Ali, potom sam čuo kako vatrogasci pričaju o epidemiji, kao da su diplomirali pomorsku biologiju. Neka čudna epidemija, lobanje im ostanu razbijene. Koliko su ti platili?

– Dvesta – rekao je čovek. Bio je ponosan na tu sumu.

– Trigo i Dijels? Naša dva vatrogasca? A zašto?

– Nisu mi rekli zašto. Platili su mi, i to je sve. Dve je dovoljno, a tri još bolje.

– Toliko si se trudio, a uopšte ne znaš zašto.

– Ne zanima me. Posao je završen. Kunem se da je završen.

– Ne razumem ljude koji nisu radoznali – komesar je podigao čekić. Poneću oružje kojim je počinjen zločin i više da te nisam video u blizini plaže. Kad bolje razmislim, uopšte ne želim da te vidim. Ima li vesti o tome da će ponovo otvoriti muzej?

Lugo je odmahnuo glavom.

– Upravnik kaže da nema sredstava. Prvo treba da se poprave krovovi i oluci...

Komesar mu je okrenuo leđa.

– Drugi put ćemo doći u posetu sa vodičem, prevodioče.

Sa olakšanjem, krenuo sam ka vratima. Lugo je brzo zatvorio, pre nego što je komesar imao vremena da se predomisli.

Krenuo sam ka obali. Plašio sam se da komesar nema neki drugi plan, da nije završio sa obilaskom. Ali, on je pošao za mnom ne tražeći da skrenemo bilo kuda.

– Nećete ga uhapsiti?

– Ne, to je jedan nesrećnik.

– Zašto vatrogascima treba da neko ubija životinje?

– Na kraju Sfinge ima nekoliko ulica slobodne teritorije. Tu se nalaze ćumezi u kojima se igra rulet i karta se, i ima nekoliko kuća u kojima tri-četiri žene zašle u godine primaju kamiondžije i lučke radnike. Pre deset dana, jedan je poginuo u tuči ili nekom poravnavanju računa; gazda jednog od onih brloga, pijan, bacio je telo u vodu u bizini obale. Kad se napiju, zaborave da tela ne treba bacati u blizini obale: vraćaju se. Taj čovek je zamolio vatrogasce da se pobrinu za tu stvar. Kad se mrtvac vratio, vatrogasci su odneli telo umotano u platno i zakopali ga negde daleko. Prethodno, dok su čekali da se vrati, izmislili su to sa epidemijom kako bi skrenuli pažnju sa sebe: tako više nije bilo važno hoće li ih neko videti. Isto su uradili pre pet godina, pre nego što sam ja došao ovamo, i pošlo im je za rukom. Pokušali su još jednom.

Bilo je hladno, i Gimaru je iz usta izlazila para. Stigli smo do puta koji vodi duž obale.

– Mislite li da je gotovo? – upitao me je.

– To sa fokama?

– Sa samoubicama.

– Jeste. Nema nikoga više ko zna taj jezik, osim Sunjige, a on je u bolnici.

Gimar mi je pružio ruku. Zbog rastanka sam osetio olakšanje.

– Sutra odlazite. Sudija je dozvolio. Sudiju nije briga nizašta od ovoga što se dešava ovde u Sfingi. Jedino ga zanima da ne poteže put.

Komesar se udaljio. Čuo sam njegov glas dok je išao, ne znam da li je pevao ili razgovarao sam sa sobom.

XXX

Kada sam ušao u hotel, portir je sa oglasne table skidao obaveštenja o kongresu kako bi ih zamenio šarenim prospektima o susretu naftaša. Kun ga je posmatrao kako radi kao da prisustvuje ceremoniji oduzimanja vlasništva.

Nije me pitao za komesara. Bio je zadubljen u svoje misli.

– Planirao sam da objavim zbornik sa kongresa, a neću moći – rekao je.

– Zašto?

– Polovina programa nije održana. Provodili smo vreme pričajući o mrtvima. O prevođenju se bezmalo nije ni govorilo.

– Naprotiv – rekao sam ja. – Sve što se desilo ima veze sa prevođenjem.

Nije me pitao ništa. Nije želeo objašnjenja.

– Ujutro polazimo, u tri grupe – rekao je. – Maločas me je zvao komesar da mi javi da je sudija potpisao dozvolu.

Prevodioci su već bili večerali. Pili su kafu i razmenjivali adrese. Ubedio sam barmena da mi posluži čorbu od povrća. Dok su mi spremali jelo, popeo sam se u svoju sobu da ostavim šuškavac. Pozvao sam Elenu da joj kažem da se vraćam, ali nje nije bilo, ili je spavala, pa sam ostavio poruku na sekretarici.

Kada sam izišao iz sobe i krenuo da večeram, video sam Anu u dnu hodnika. Pošao sam za njom, trudeći se da ne pravim buku. Popela se sprat više stepenicama u dnu.

– Ideš kod Nauma? – Od moga glasa se trgla.
– Idem.
– Pusti ga. Nije važno šta ti je obećao.
– Nije mi obećao ništa.
– Laže te.
– Ne. Jedan jedini put me je slagao i više nikada to neće uraditi. Bilo je to pre deset godina. Ubedio me je da odem s njim.

Kasno, previše kasno je do mene stigao odgovor koji nisam tražio.

– Potom me je ostavio samu, u nepoznatom gradu. Nisam se usuđivala da se vratim.
– To je razlog da ga mrziš, a ne da ideš u njegovu sobu.
– Naum i ja govorimo istim jezikom. To je nešto što niko drugi ne može da razume.

Ana me je poljubila u obraz.

– Nemoj sutra da odeš bez pozdrava – zamolila je i ušla u sobu 340. U Naumovu sobu.

Jeo sam sâm, razmišljajući o nekoj budućoj knjizi koja će se zvati *Jezik Aheronta*, i koju će Ana i Naum zajedno potpisati. U njoj je opisano poreklo mita, tragovi koje je on ostavio tokom istorije; poslednji deo knjige priča o događajima koji su se odvijali u nekom dalekom mestu na jugu, u napola sagrađenom hotelu. Iz nje se naslućuje, kao u nekom iznenadnom autobiografskom izlivu, da su dvoje autora tokom tih teških dana obnovili staru romansu koja ih je vratila u mladost. Sećaju se mučenika palih u ime jezika, ali ne pominju nesporazum koji ih je progutao, kao ni onoga ko je bio odgovoran za taj nesporazum. Tu je i spisak zahvalnosti, a u spisku je i moje ime.

Šimena je ušla u hotel bez aparata u ruci i bez ikakve beležnice ili kasetofona na vidiku.

– Upravo su me zvali sa radija da mi jave da sutra odlazite. Došla sam da se pozdravim.

Nije rekla da li je došla da se pozdravi samo sa mnom ili sa svima. Pozvao sam je u šetnju, uprkos hladnoći; pričao sam joj o njenoj budućnosti, davao joj savete u stvarima o kojima ništa nisam znao i odveo je u svoju sobu. Kako bih pobegao od bola, izabrao sam laž.

Kada sam se probudio, bio sam sam. Šimena nije ostavila čak ni poruku. Mora biti da je otišla u svitanje, kako je niko ne bi video. Sa prozora sam uspeo da razaznam prvu grupu koja je odlazila belim kombijem. Hteo sam da se pozdravim sa Vaskesom; mahao sam mu sa prozora, ali me nije video.

Mirno sam se spakovao. Još nije bilo moje vreme.

Kada sam sišao da doručkujem, Kun mi je rekao:

– Uvek kasniš. Ipak, ponesi neku uspomenu iz Luke Sfinga.

Dao mi je keramički svetionik koji sam stavio u džep na šuškavcu. Nameravao sam da ga se prvom prilikom otarasim. Trebalo je to odmah da učinim; ako čovek pusti da prođe nekoliko sati, zavoli tu stvar.

– Sve si spremio? Polazite za pola sata.

– Ti ne ideš sa nama?

– Ostajem još nekoliko dana. Treba da obavim još neka posla.

Nije rekao kakva posla. Zamišljao sam šta bi to moglo biti.

Ana je sišla sa torbom. Bila je bleda i izgledala je kao da danima nije spavala. Prišla mi je, ali mi nije uputila pozdrav; počela je da mi priča kao da nastavljamo upravo prekinuti razgovor.

– A ako neko čuje taj jezik u snovima?

– Pitaj Nauma – rekao sam ne pogledavši je.

Nisam hteo više ni da čujem za jezik Aheronta, ni za Nauma, pa čak ni za Anu.

– A ako neko čuje snimak u snovima? Ako neko ko spava odgovara na snimljene reči?

Setio sam se malog kasetofona, Rine kako priča kao mesečarka. Zamislio sam taj prizor, precizno kao u priviđenju: Ana se budi usred noći kako bi sprovela u delo drugu priču, onu koju moja ljubomora nije mogla ni da zamisli. Upitao sam je zašto, a ona nije odgovorila ništa, svojim ćutanjem prepustila je meni da izaberem razloge: „Možda je to bilo zbog nas", pomislio sam.

Probudio sam se iz svoje zavisti, svoje ljubomore, svoje zasićenosti.

– Gde je?

Ana je odmahnula glavom. Upitao sam na portirnici: trenutak ranije videli su ga kako izlazi.

Potrčao sam preko slojeva trulih algi. Osvrtao sam se na sve strane: u daljini je stajao neki čovek. Kada sam mu prišao, shvatio sam da to nije Naum, pa sam skrenuo u drugom pravcu. Otišao sam do svetionika. Počeo sam da osećam hladnoću, i ta hladnoća bila je poruka koju nisam hteo da tumačim. Jezik Aheronta i dalje je govorio. Jezik Aheronta pričao je jedinu priču koju je znao.

Otvorio sam vrata na svetioniku; osetio sam memlu, miris trulih konopaca, ustajalog vazduha. Na trenutak sam bio u zabludi da nema nikoga. Pred noge mi je pao novčić; pogledao sam uvis.

Tri metra iznad moje glave nalazio se Naum, visio je na izlizanom konopcu. Jedini mogući prevod došao je do kraja.

Vilja Heselj, januar 1997.
Buenos Ajres, avgust 1997.

PREVOĐENJE PABLA DE SANTISA

Borhes je četrdesetih godina prošloga veka zabeležio kako je malo argentinskih pisaca koji se uopšte sećaju da postoji čitalac: onaj ćutljivi čovek čiju pažnju treba zadržati, čija očekivanja treba izneveriti, ali sa taktom, čijim reakcijama treba upravljati i predosetiti ih, čije prijateljstvo je neophodno, čije saučesništvo je dragoceno. Pablo de Santis (1963) zakleti je branitelj romana u kojima je misterija prva zapovest, grozničavi maštar, autor romana *Enciklopedija na lomači* (1996), *Filozofija i književnost* (1998), *Pozornica pamćenja* (2000) i *Volterov kaligraf* (2002). Sa romanom *Prevođenje*, intelektualnim trilerom u kojem promišlja granice jezika, De Santis se pokazao kao jedan od najsvestranijih i najzanimljivijih argentinskih pisaca svoje generacije. Pretvorio je jezik u temu fikcije i napisao ljubavnu priču i detektivski roman u kojem se reči pred našim očima promeću u činove.

Uzbudljiv je pisac i po tome što je do krajnosti svestan jezika kao idealnog i isključivog sredstva na kojem se gradi povest i u njoj ostvaruje napetost: tako postiže da do čitaoca dopre i ona druga povest koja se uvek nalazi iza prve, očigledne priče. U De

Santisovom pogledu postoji nekakvo prećutno poznavanje ljudskih odnosa, onoga što, ispod vidljive komunikacije rečima, istinski komunicira sa osobama. De Santisu polazi za rukom da tu dublju komunikaciju izvuče u prvi plan, ne izlažući je eksplicitno: vešto upravlja tišinama, i svojim opisima i dijalozima daje neku nijansu nedovršenosti koja na tajanstven način stvara efekat drugog završetka. „Ova knjiga", kaže u *Prevođenju* jedan od njegovih likova, „veoma mi je pomogla u mojim traganjima. Ne toliko onime što kaže, koliko onim što ne kaže. Kako biste je shvatili, treba da umete da čitate aluzije, praznine."

De Santis ume da se suoči i sa najdramatičnijim scenama – onima koje same po sebi već sadrže određenu emotivnu snagu – u izvanredno malo reči: on zna da je najbolja književnost ona koja nikada ne biva uhvaćena u laži. Zna da, između mnogo načina na koje se može lagati, kako je pisao Oneti, postoji jedan, „najodvratniji od svih", a to je da se „govori istina, cela istina, skrivajući dušu činjenica". Odgovornost da otkrije dušu činjenica, De Santis predaje ne kao čin izdaje nego velikodušnosti i poštovanja, saučesniku bez koga nijedna knjiga nema završetak. Radije nego da o čitaocu razmišlja, naprosto ima poverenja u njega. Ne objašnjava mu ono što nije nužno objasniti, ne pokušava da ga zadivi, nikada ga ne potcenjuje. Međutim, tačno je i to da u ovom romanu, upravo zahvaljujući tim vrlinama, kao da postoji neko obećanje koje se ne ispunjava: obećanje o povratku u početnu tačku priče – pet godina kasnije – u savremenost pripovedača, u sadašnjost u kojoj, posle pet godina i sa već ispričanom pričom, De Blast pokazuje šta ga je navelo da ispriča priču i zbog čega, kako kaže na kraju prvog poglavlja, „predmeti koji nose natpise kao što su *Uspomena iz*... retko kada predstavljaju uspomenu na nešto". Na kraju svaka kockica staje na svoje mesto, ali ostaje izvesna nelagodnost: „Jedini mogući prevod došao je do kraja."

Ovaj učenik Borhesa i Hičkoka, po tome što hoće da svaki element u njegovom narativnom svetu ima svoje opravdanje, ne rekonstruiše značenje kroz deliće smisla, nego kroz opiranje automatskoj reči, opštem mestu i gubljenju vremena. Na detektivski žanr gleda kao na „reprodukciju mehanizma čitanja": „Tajna je kao nit koja čitaoca vodi od početka do kraja", veli. „Stvara napetost u romanu. I osećam da – kao što čitalac trilera želi da otkrije zagonetku koja se krije u knjizi – u drugim žanrovima, čak i ako nema zagonetke koju treba otkriti, pisac mora da postigne da knjiga za čitaoca postane zagonetka sama po sebi. Moji zapleti teže da ponove tu potragu: potragu čitaoca koji u knjizi vidi predmet što uvek skriva neku zagonetku, neku tajnu."

Za De Santisa je zagonetka veliki izazov književnosti: teško ju je osmisliti, teško rešiti, a kada se jednom reši, mora da nadživi i razočaranje onoga ko je čita. Jer, to je još jedna konstanta. Skoro uvek, rešenje zagonetke razočarava čitaoca i onaj ko piše to mora predvideti. Zato konstrukcija i rešenje knjige ne mogu da se zasnivaju samo na logici. Slučaj treba predstaviti i razrešiti logično, ali dobro pazeći na lepotu. U rešenju mora biti lepote. Pitanja se moraju proširiti i izvan knjige. Kod De Santisa, odnos između stvarnosti i fikcije ostaje tajanstven, uznemiravajući. Kada piše o nečemu stvarnom, nečemu neposrednom, otkriva da mu je to apsolutno nemoguće, i to ga gotovo šokira. Ostaje bez reči. Međutim, shvata da je iskustvo od temeljne važnosti za književnost, i da je, ako stvarnost treba prevoditi, preobraćati je u nešto drugo, od suštinske važnosti da bude uverljiva, da ima o čemu da priča, i da se oslobodi čisto racionalnih objašnjenja.

De Santisova strast prema zagonetkama koje imaju naročitu moć da uobliče priču, u *Prevođenju* ga navodi da iskoristi zagonetku što je postavlja mit kojim se objašnjava mnoštvo jezika. De Santisov ideal jeste da uskladi popularni žanr sa svojim intelektualnim nemirima, ali mu se čini da je od temeljne važnosti da knjiga uvek može da bude čitana i kao zabava. Da u priči postoji jedinstvo radnje, vremena i mesta. Kalvino je govorio o tome kako u priči treba stvoriti neobičnu atmosferu. Detektivski roman to ima. Pre nego poigravanje sa granicama žanrova, De Santisa privlači razmišljanje o formalnim ograničenjima kao polazištu za slobodu autora.

Prevođenje je najdublje od svih ljudskih zadataka vezano za prve reči *Postanja*, „u početku beše reč". U početku, ali i na kraju: zato što „prevodilac ima zadatak da u svom jeziku oslobodi onaj čisti jezik, prognan u tuđi" i da „zarad tog čistog jezika ruši trule brane sopstvenog", ispunjavajući „veliku čežnju za dopunjavanjem jezika", razumemo da je ovde reč o iskustvu „drugog prevođenja", onoga koje se obavlja sa obolom ispod jezika. Razumemo i zašto su ovde i žrtve i ubice, i detektiv-pripovedač, svi redom prevodioci. Detektivski žanr pruža priliku da se o tom prevođenju progovori na najracionalniji, najmanje tragičan način: uspostavlja se distanca, prelazak se analizira, a zaključak ipak ostaje zagonetan. Borhes je govorio o pripovedaču kojem priča nije baš sasvim jasna. Pripovedač *Prevođenja* nije stručnjak za temu kojoj je posvećen kongres. Deluje pokretan ličnim interesima. Opčinjen je jednom ženom. Ljubomoran je, neurotičan. Time se svrstava u tradiciju naivnog pripovedača u detektivskoj priči u kojoj dijalog između istražitelja i njegovog pratioca, koji postavlja naivno pitanje i navodi drugoga da daje objašnjenja, ispisuje platonovski dijalog detektivskog romana, nalik dijalozima između Sokrata i njegovih sagovornika. „Ne volim da protagonista zna više od čitaoca", rekao je De Santis u jednom razogovoru, dodavši: „To je gest ljubaznosti koji sam naučio čitajući Borhesa."

„Kada čitamo detektivsku priču, mi smo izmišljotina Edgara Alana Poa", tvrdio je, opet, Borhes u svom ogledu „Detektivska priča". I još više: „Govoriti o detektivskoj priči znači govoriti o Edgaru Alanu Pou. [...] Po nije želeo da detektivski žanr bude realistički, nego intelektualni, pa, ako hoćete, i fantastični, ali intelektualno-fantastični, a ne delo puke mašte; žanr koji, naravno, obuhvata i jedno i drugo, ali u kojem preovladava inteligencija." U De Santisovom romanu zagonetka se rađa iz potrage za znanjem. Traži način da se poigra „lakim" žanrom, ali to čini u okvirima zakona žanra, bez intelektualnih paradiranja. Ona transcendentnija dimenzija, na kojoj su radili Borhes ili Adolfo Bjoj Kasares, jeste samo dodatak uz zagonetku, ali zagonetka ne može izostati. Po tome i De Santis, sledeći nauk ovih velikih pisaca, detektivski element ukršta sa fantastičnim i uvodi u drugačiju dimenziju. Ispisujući ovaj roman kao inteligentan spoj intelektualne potrage i fantastičnih otkrića, De Santis piše u najboljoj tradiciji ovog zaveštanja.

Aleksandra Mančić

SADRŽAJ

Prvi deo: Hotel Svetionik 11
Drugi deo: Strani jezik 49
Treći deo: *Arlevein* 91
Četvrti deo: Aheront 123
Aleksandra Mančić: *Prevođenje Pabla de Santisa* ... 163

Pablo de Santis • PREVOĐENJE • Izdavačko preduzeće RAD Beograd, Dečanska 12 • Za izdavača SIMON SIMONOVIĆ • Lektor i korektor MIROSLAVA STOJKOVIĆ • Štampa Elvod-print, Lazarevac

CIP – Каталогизација у публикацији
Народна библиотека Србије

821.134.2(82)-31
821.134.2(82).09-31 Сантис П. де

САНТИС, Пабло де
    Prevođenje : roman / Pablo de Santis ; prevela Aleksandra Mančić. – Beograd : Rad, 2007 (Lazarevac : Elvod-print). – 172 str. ; 18 cm. (RiM ; 002)

Prevod dela: La traducción. – Str. 163–168: Prevođenje Pabla de Santisa / Aleksandra Mančić.

ISBN 978-86-09-00962-4

a) Сантис, Пабло де (1963–) – „Превођење"

COBISS.SR-ID 143270668

www.ingramcontent.com/pod-product-compliance
Lightning Source LLC
Chambersburg PA
CBHW071715090426
42738CB00009B/1778